W0299641

Das erschöpfte Ich

Markus Treichler

Das erschöpfte Ich

Burnout erkennen - verstehen - vermeiden

GESUNDHEITSPFLEGE
initiativ

Bibliografische Information Der Deutschen Bibliothek
Die Deutsche Bibliothek verzeichnet diese Publikation in der Deutschen Nationalbibliografie; detaillierte bibliografische Daten sind im Internet über < http://dnb.ddb.de > abrufbar.

Gedruckt auf umweltfreundlichem,
chlorfrei gebleichtem Papier

Alle Rechte vorbehalten. Printed in Germany.

Esslingen 2013

© GESUNDHEITSPFLEGE initiativ
gemeinnützige Bildungsgesellschaft mbH
Paracelsusstraße 33, D-73730 Esslingen
http://www.gesundheitspflege.de
http://www.maennerleben.com

Umschlaggestaltung, Grafiken, Satz:
PRmed-Consulting, Esslingen

Druck: Druckerei Steinmeier, Deiningen

ISBN 978-3-932161-80-3

Einführung

Burnout ist populär. Der neueste Stressreport Deutschland 2012 der Bundesanstalt für Arbeitsschutz und Arbeitsmedizin macht es deutlich:
Die Zahl der psychischen Störungen am Arbeitsplatz nimmt zu: 59 Millionen Arbeitsunfähigkeitstage 2011 werden auf den Stress bei der Arbeit und fehlende Erholung zurückgeführt. Dies entspricht einer Steigerung von 80% im Vergleich zu 1997. *Das kostet richtig viel Geld* sagt die Bundesarbeitsministerin Ursula von der Leyen dazu.
43% der 18.000 befragten Arbeitnehmer geben an, der Arbeitsstress habe in den letzten zwei Jahren zugenommen. Jeder Zweite (52%) fühlt sich durch zunehmenden Termin- und Leistungsdruck belastet. 82% der Deutschen zwischen 14 und 65 Jahren klagen über Stress, und jeder Dritte (32%) leidet unter

Dauerstress, so das Ergebnis einer anderen Studie. Sind wir ein Volk von Erschöpften? sind wir fast alle überlastet und überfordert von den Arbeits- und Lebensverhältnissen unserer Zeit? Ist Stress unser Schicksal und Burnout die unausweichliche Folge?

Was ist Burnout?

Burnout

... ist eine Modediagnose;
... ist nicht einheitlich definiert;
... ist kein anerkanntes Krankheitsbild;
... ist ein Zustand einer physischen, emotionalen und mentalen Erschöpfung;
... ist aber auch eine Entwicklung, ein Prozess des langsamen Ausbrennens;
... beginnt mit Feuer und Flamme und endet oft in einer Depression;
... ist ein Infarkt der Seele;
... hat viele Gesichter;
... ist eine Herausforderung für unsere Gesellschaft;
... ist eine Epidemie, eine Volkskrankheit, ein Zeitphänomen;
... sagt sich leichter als Depression;
... ist eine Folge von chronischem Stress bei mangelnden Bewältigungsmöglichkeiten und fehlender Erholung. Die Gründe dafür können vielfältig

und individuell unterschiedlich sein;
... ist ein Signal für ein unausgeglichenes und unbefriedigendes Leben;
... kann auch eine Chance sein, wenn wir das Signal richtig erkennen und danach handeln.

Die Erschöpfungskrankheiten werden zu Volkskrankheiten, Burnout zur Epidemie; deren *Infektion* geschieht dabei aber nicht *über Tröpfchen,* wie bei der Grippe, sondern über die Arbeits- und Lebensbedingungen und über die Medien. *Focus, Spiegel* und *Zeit*[1] haben dem Thema mehrmals Titelgeschichten gewidmet und in den Talkshows ist es gegenwärtig. Prominente outen sich, burnout zu sein.
Erschöpft, ausgebrannt, burnout zu sein, sagt sich leichter, als depressiv zu sein; und es deutet darauf hin, dass man gefragt war, viel geleistet hat, dass man zu den Erfolgreichen gehört. Auch wenn Burnout offiziell nicht als Krankheit anerkannt ist, so ist es doch ein Leiden das immer mehr Menschen betrifft und unsere Zeit und unsere Gesellschaft prägt.

Muss Burnout sein? Müssen wir die individuellen gesundheitlichen, die gesellschaftlichen und wirtschaftlichen Folgen von Burnout tatenlos hinnehmen? Müssen wir warten, bis eine neue Generation heranwächst, die anders, besser mit den hohen Erwartungen, mit Leistungsdruck und Zeitdruck, mit dem alltäglichen Stress unseres Lebens, unserer Zivilisation umgehen kann?

Oder können wir heute schon etwas zum Besseren ändern, kann jeder einzelne für sich etwas tun, um nicht auszubrennen, um Leistung und Lebensfreude zu vereinigen, um Sinn und Selbstverwirklichung in seinem Leben zu erreichen ohne auf den Erfolg im Beruf verzichten zu müssen?

Arbeit und Lebensfreude, Erfolg und Muße, Zweckorientierung und Begeisterung, Leistungsorientierung und Lebenssinn sind nicht dasselbe, können sich aber ergänzen und im Leben verwirklicht werden, ohne zu Burnout führen zu müssen.
Die Voraussetzungen, wie es zu Erschöpfungskrankheiten kommen kann und wie sie vermieden und behandelt werden können, wie besonders Burnout erkannt, verstanden und vermieden werden kann, werden in diesem Buch aus meiner jahrzehntelangen psychosomatisch-psychotherapeutischen Erfahrung als Leitender Arzt an der Filderklinik dargestellt, ergänzt und bereichert aus vielen Vorträgen, Seminaren und Schulungen für Mitarbeiter, Betriebsräte und Führungskräfte, in Industriebetrieben, in Kliniken, Pädagogischen, Sozialen, Therapeutischen und Gemeinnützigen Einrichtungen. Ich verdanke mei-

nen Patienten sowie den Teilnehmern meiner Burnout-Seminare viele wertvolle Anregungen und bereichernde Erfahrungen.

Dieses Buch will Burnout-Gefährdeten, deren PartnerInnen und KollegInnen wie auch Vorgesetzten helfen,

1. die Risiken einer Burnout-Entwicklung rechtzeitig zu erkennen;

2. die notwendigen Schritte zu einer Burnout-Vermeidung und zur Bewältigung von Stress-Situationen gehen oder veranlassen zu können;

3. die Chancen in der Krise erkennen und fruchtbar machen zu können.

Ein Buch ersetzt keine Beratung und keine Therapie. Es kann Anregung, Erfahrung und Orientierung vermitteln.

Markus Treichler
Filderstadt, Ostern 2013

Kapitel_1

Stress und psychische Belastung heute

Die psychischen Belastungen nehmen zu; so zeigen es die Befragungen und Statistiken. Demnach leiden nicht nur die Berufstätigen, die Schüler, die Auszubildenden und die Studierenden unter Stress, sondern auch die Hausfrauen/Hausmänner, die Familienmütter und die Arbeitslosen. Alles kann zu Stress werden, wenn es zu viel ist, wenn es einseitig wird, wenn der Ausgleich und die Erholung fehlen, wenn es keine Freude macht und wenn der Sinn fehlt.

Stress wird in vielen wissenschaftlichen Studien wie auch in den Medien und im allgemeinen Verständnis oft als Hauptursache für Erschöpfungskrankheiten, insbesondere für Burnout angegeben.

1.1 Was ist Stress?[2]

Der Begriff Stress wurde 1936 von Hans Selye geprägt und in die Wissenschaft eingeführt. Selye wurde 1907 im ungarischen Komarom geboren; 1925 begann er sein Medizinstudium an der deutschen Universität in Prag, das er nach Auslandssemestern in Paris und Rom 1929 mit der Promotion abschloss. Zwei Jahre später promovierte Selye zusätzlich noch in organischer Chemie. 1932 erhielt Selye ein Forschungsstipendium der Rockefeller Foundation wodurch er seine wissenschaftliche Ausbildung an der John Hopkins-University in Baltimore fortsetzen konnte. Von dort wechselte er zur McGill-University nach Montreal bis zum Ende seines Stipendiums 1933. Für kurze Zeit nach Prag zurückgekehrt, erreichte ihn dort ein Angebot als Dozent an die McGill-University nach Montreal zurück zu kehren. Seine dortige Forschung und naturwissenschaftliche Begründung des Phänomens Stress führten dazu, dass er zum Begründer und *Pionier der Stressforschung* wurde.

Selye beschrieb das Phänomen Stress zunächst als *Allgemeines Anpassungssyndrom* des Organismus auf ganz verschiedene unspezifische Reize. Dabei zeigt sich Stress unabhängig von den ihn auslösenden Reizen immer als ein *Zustand, der sich in einem spezifischen Syndrom (dem Allgemeinen Anpassungs-*

syndrom) manifestiert. So hat Stress seine charakteristische Gestalt, aber keine besondere spezifische Ursache.[3]

Jahrzehntelang verfolgte Selye ein naturwissenschaftlich bestimmtes Verständnis von Stress in seinen Forschungen. Erst viele Jahre später erweiterte er sein Stress-Verständnis um eine verhaltenspsychologische Ebene. *Meine Beschäftigung mit Stress entwickelte sich allmählich von einer streng medizinischen zu einer mehr verhaltenspsychologischen Orientierung.*[4] In seiner Autobiografie: *Stress mein Leben* (deutsch 1979 erschienen), geht Selye auf die verschiedenen Definitionen von Stress ein und bekräftigt sein Verständnis: *Der Terminus* Stress *ist so unterschiedlich definiert und auf so viele Bereiche angewandt worden, dass er vielleicht am leichtesten durch die Hervorhebung dessen zu verstehen ist, was Stress nicht ist. Im Gegensatz zu der weit verbreiteten öffentlichen Ansicht ist Stress nicht synonym mit nervöser Depression, Ermüdung oder Entmutigung. Die einzige Art und Weise, Stress zu charakterisieren, besteht darin, ihn als eine nichtspezifische Reaktion des Körpers auf jede beliebige Art von Anforderung zu bezeichnen. Unter bestimmten Umständen kann Stress zwar die Ursache sein für Erschöpfung, einen Nervenzusammenbruch, einen Herzanfall, Asthma oder Muskelermüdung, doch sind diese Störungen nicht der Stress selbst, sondern vielmehr seine unterschiedlichen Auswirkungen auf bestimmte Individuen. Man sollte und kann Stress nicht vermeiden; ihn total auszuschalten, würde bedeuten, das Leben selbst zu zerstören. Wenn man keine Anforderungen mehr an seinen Körper stellt, ist man tot. ... Ein Schlag mit der Peitsche und ein leidenschaftlicher Kuss können den gleichen Stress erzeugen!*[5] Später formulierte Selye die Stress auslösenden Reize nicht mehr nur körperlich oder stofflich, sondern hatte erkannt, dass auch psychische Beanspruchungen Stress auslösen können: *Stress ist die Antwort des Organismus auf jede Beanspruchung. Wie immer die Beanspruchung ist, ob es sich um eine große Freude, eine Ekstase, einen großen Schaden, einen großen Schmerz handelt: die Reaktionen sind immer dieselben.*[6] Allerdings ist zu ergänzen, dass die möglichen Reaktionen auf körperliche oder seelische Beanspruchungen so vielfältig und vielgestaltig sind, dass eben sehr verschiedene Krankheitssyndrome daraus entstehen können.

Weiterhin unterscheidet Selye zwischen einem positiven Eustress und einem negativen Distress, sowie zwischen einem zuwenig an Stress (Hypostress) und einem zuviel an Stress (Hyperstress). Zwischen diesen beiden Extremen solle der Mensch das Gleichgewicht suchen, während er bemüht sein sollte, möglichst viel Eustress zu finden und den Distress

in seinem Leben möglichst gering zu halten.
In diesem Sinn sagte Selye: Stress sei *die Würze des Lebens.* Wenn wir uns daran halten, so merken wir, dass es offensichtlich auf die Dosis an Stress ankommt. Nur eine im richtigen Maß gewürzte Speise ist genießbar; zu viel Würze macht ein Essen ungenießbar. Und wir stellen fest, dass viele Menschen ihr Leben heute als mit zu viel Stress gewürzt und damit als ungenießbar erleben.
Was aber Stress im negativen Sinn, also Distress für den Einzelnen ist, hängt entscheidend von der subjektiven persönlichen Bewertung jedes Menschen ab. Nicht die Stressoren machen uns krank, sondern wie die Stressoren, wie die Beanspruchungen oder Belastungen erlebt und bewertet werden und welche Bewältigungsmöglichkeiten, welche Ressourcen wir zur Verfügung haben, um mit unseren *stressigen Situationen* fertig werden zu können.
Stress spüren bedeutet häufig, sich selber Stress machen, insofern man sich eine angemessene Bewältigung der als stressig erlebten Beanspruchung oder Herausforderung nicht zutraut und dies als kränkendes Versagen erlebt. Wenn es uns gelänge, in einer Belastungssituation an unsere Bewältigungsmöglichkeiten zu glauben, unsere Ressourcen zu aktivieren, Hilfe oder Unterstützung zu suchen und anzunehmen, oder die Bedeutung einer stressigen Situation nicht allzu wichtig zu nehmen für das

eigene Leben, unter Umständen sogar ein Versagen oder Scheitern nicht als die totale Krise zu erleben, sondern auch darin eine Chance sehen zu können, so würden wir uns selbst von kränkendem Stress entlasten und letztlich kreativer und gesünder unser Leben führen können. Aber das ist nicht so einfach. Dazu sind einige Voraussetzungen zu erkennen und zu erfüllen, die in diesem Buch in den weiteren Kapiteln beschrieben werden sollen.
Im Zusammenhang mit Stress geht es nicht primär darum, den Stress zu vermeiden, sondern vielmehr darum, den – oft unvermeidlichen – Stress angemessen zu bewältigen, um so die Stressfolgekrankheiten, wie z.B. Burnout vermeiden zu können.
Der unter Stress leidende, der sich überfordert-fühlende Mensch ist heute also kein Einzelfall.

1.2 Stress als Krankheitsursache?

Allerdings ist Stress, wie schon gesagt, kein objektiver Zustand, sondern das subjektive Erleben von Beanspruchung, Belastung und Überforderung, deren Bewältigung man sich nicht zutraut. Gründe und Anlässe für dieses Stresserleben können von außen oder von innen kommen. Ob ein Mensch aber infolge einer Stresssituation krank wird, hängt nicht primär von der Situation oder den Stressoren ab, sondern es liegt meistens in der Hand des einzelnen Menschen, ob ein Stressor, eine Stresssituation zu einer Krankheit führt oder auf gesunde, angemessene, sinnvolle Weise bewältigt werden kann. Dazu tragen die Persönlichkeit, die individuelle Lebenserfahrung, die Einstellungen und die persönliche Haltung dem Leben und seinen Anforderungen gegenüber neben der stressig erlebten Situation wesentlich bei. Nach einer großen Studie[7] einer deutschen Krankenkasse klagen 82 % der Deutschen zwischen 14 und 65 Jahren mindestens von Zeit zu Zeit gestresst zu sein und jeder Dritte (32 %) fühlt sich sogar unter Dauerstress. Die Altersgruppe zwischen 30 und 38 Jahren ist dabei am stärksten betroffen. Als Hauptursache geben die Menschen an: die wachsenden Anforderungen am Arbeitsplatz bzw. in Schule und Ausbildung. Danach kommen finanzielle Sorgen und der Stress im Straßenverkehr. Der ganz normale Berufsalltag und seine Folgen bringen viele Menschen an die Grenzen ihrer psychischen Belastbarkeit. Ebenso die heute normalen Anforderungen in Schule, Studium und Berufsausbildung. Dazu gehören auch die zwischenmenschlichen Konflikte am Arbeitsplatz wie auch in der Schule, an der Hochschule und bei der Berufsausbildung. Natürlich spielen sowohl bei der Ausbildung wie im Beruf die Leistungsanforderungen, der Leistungsdruck und die Erwartungen an Flexibilität[8] und Engagement eine große Rolle. Bemerkenswerterweise leiden aber unter den Menschen die nicht im Berufsleben stehen sondern sich in erster Linie der Familie widmen, Hausfrauen und Hausmänner, zu 95% unter Stress und 38% leiden sogar unter häufigem oder ständigem Stress. Dabei sind es in erster Linie die Sorgen um die Kinder, die Erziehung und finanzielle Sorgen die den Stress verursachen. Insbesondere Frauen leiden darüber hinaus unter seelischem Stress, einerseits wegen der oft bestehenden Doppelbelastung von Beruf und Familie, andererseits weil sie es immer allen recht machen wollen.

Wenn es im Bundesdurchschnitt 32% sind, die sich häufig oder dauerhaft gestresst fühlen, dabei 29% der Männer und 35% der Frauen, so gibt es in Deutschland auffallende regionale Unterschiede: am wenigsten gestresst fühlen sich in Deutschland die Bayern mit 24% und am häufigsten gestresst die Baden-Württemberger mit 42%. Dazwischen liegen die nördlichen Bundesländer mit 35%, Nordrhein Westfalen mit 29%, Berlin und die östlichen Bundes- länder ebenfalls mit 29%.

Von den so unter Stress leidenden klagen insgesamt 53% über Muskelverspannungen und Rückenschmerzen. 31% über Erschöpfung und das Gefühl ausgebrannt zu sein; 20% über Nervosität, Gereiztheit und Angst; 20% über Schlafstörung und 12% über Depressionen. Fasst man die seelischen Phänomene

von Erschöpfung, Burnout, Angst, Depression und Schlafstörung zusammen, so zeigt sich, dass bei 83 % der Stressgeplagten psychische Krankheitssymptome als Stressfolge auftreten. In sofern ist es verständlich, dass Stress als einer der Hauptverdächtigen ursächlich für Burnout und Erschöpfung angesehen wird.
Nach Angaben der Deutschen Rentenversicherung (DRV)[9] suchen immer mehr Arbeitnehmer in Deutschland eine vorzeitige Berentung wegen psychischer Erkrankungen. 2011 waren es demnach 41 % der Berentungen, die wegen Depressionen, Angststörungen und anderen psychischen Leiden bewilligt wurden. Im Jahr 2000 waren es nur 24 %, im Jahr 2010 war der Anteil bereits auf 39 % gestiegen. Ein Trend der sich weiter fortsetzen kann, wenn die Belastungen, insbesondere am Arbeitsplatz, nicht weniger, die Arbeitsbedingungen nicht besser werden.

In stressig erlebten Situationen führt die physiologische Wirkung von Stress durch die Ausschüttung bestimmter Hormone (Adrenalin, Noradrenalin, Dopamin) über das neuro-endokrine System zu einer Steigerung mancher Organfunktionen und zu einer schnelleren mentalen und psychomotorischen Reaktion. Kritisch wird es mit den physiologischen Reaktionen der Steigerung, beispielsweise bei Blutdruck und Muskeltonus, wenn die Stresssituation nicht bald vorübergeht, sondern lang anhaltend ist und sich der Mensch nicht entsprechend erholen kann. Das Schädliche am Stress ist also einerseits die Dauer und die Intensität der Stresseinwirkungen – andererseits, und das ist entscheidend, die individuellen Reaktions- beziehungsweise Bewältigungsmöglichkeiten und die Erholungsressourcen.

Mit anderen Worten: nicht der Stress an sich macht uns krank – sondern wir werden krank, wenn uns in, beziehungsweise nach einer bestimmten Stresssituation nicht die angemessenen Ausgleichs-, Bewältigungs- oder Erholungs-Möglichkeiten zur Verfügung stehen.
Dies zeigt auch die schon erwähnte Studie von TK und F.A.Z. von 2009; in dieser Studie wurden vier Varianten oder Typen der Stressbewältigung ermittelt, mit deutlichen Unterschieden in der Erkrankungshäufigkeit durch Stress.

1.3 Stressbewältigungstypen

Je nach Temperament, Persönlichkeit, Lebenseinstellung und Lebenserfahrung gibt es unterschiedliche Arten, wie wir mit Stress umgehen können: Da gibt es den Typ des *Polterers:* das sind impulsive, emotional betonte Menschen, die alles persönlich nehmen was ihnen widerfährt, die alles auf sich beziehen, was schlecht gelaufen ist und ihrem Ärger dann spontan und lautstark Luft machen. Von diesen Polterern, die also einerseits Ärger auf sich beziehen, anderseits aber ihrem Ärger immer gleich Luft machen leiden 43 % unter Stresssymptomen mit Krankheitswertigkeit.

Dann gibt es den Typ des *Konflikt-Vermeiders:* das sind Menschen die Konflikten, Problemen und Stress dadurch aus dem Weg zu gehen versuchen, dass sie ihre eigenen Bedürfnisse und Interessen zurückstellen, im Zweifelsfall lieber nachgeben, als Ärger zu haben; sie nehmen sich zu ihren eigenen Ungunsten zurück; sie können schlecht nein sagen, sie können sich von den Erwartungen anderer wenig abgrenzen und nehmen sich selbst nicht so wichtig. Auf dieser Weise gehen sie Konflikten aus dem Weg und vermeiden dadurch psychische Belastungen und Stress. Von diesen Konflikt-Vermeidern leiden interessanterweise nur 27 % unter krankhaften Stresssymptomen.

Als weitere Variante gibt es die Gruppe der *In-sich-Hineinfresser:* das sind Menschen, die Probleme und Konflikte mit sich allein ausmachen, die ihren Ärger und ihre Sorgen herunterschlucken, mit niemandem darüber reden, alles für sich behalten und nichts heraus lassen. Von diesen leiden mit knapp 50% die meisten unter Stresskrankheitssymptomen.

Und schließlich gibt es noch die *Problemlöser:* das sind diejenigen, die sich bei Stress oder in Konfliktsituationen nicht aus der Ruhe bringen lassen, die nicht nach Schuldigen suchen sondern nach Lösungen und sich bemühen aus jeder Situation das Bestmögliche zu machen. Sie gehen Probleme und Konflikte lösungsorientiert an, ohne sich zu ärgern oder anderen damit Ärger zu machen, sie können stressige Belastungssituationen entweder aus Einsicht auf sich nehmen oder sich auch abgrenzen und Aufgaben delegieren ohne kontrollieren zu müssen, ob es auch in ihrem Sinn gemacht wird. Diese Problemlöser sind verständlicherweise die Gesündesten unter allen stressgeplagten Menschen – von ihnen leiden nur 24% unter Stresssymptomen.

Die Studie zeigt also, was wir schon vermutet hatten: Nicht der Stress ist entscheidend, ob wir krank werden oder uns überfordert und erschöpft fühlen, sondern die individuelle Art, wie wir mit unserem Stress umgehen können – und ob beziehungsweise wie wir uns wieder von ihm erholen; ob wir uns in unserer Freizeit die Muße gönnen, unsere Kräfte wieder zu regenerieren, indem wir das tun, was uns ohne Leistungsgedanke und frei von Zweckerfüllung gut tut. In diesem Sinn ist Muße ein wichtiger Faktor der Stress-Bewältigung und der Burnout-Vermeidung. Denn Muße ist nicht nur das süße Nichtstun, sonder vielmehr eine Tätigkeit, die nicht zu einem anderen Zweck betrieben wird, als um ihrer Selbst willen – die also zweckfrei ihren Sinn in sich selbst erfüllt, weil es gut tut, weil es schön ist. Dies kann für viele und unterschiedliche Betätigungen, Interessen und Hobbys gelten.

Der Stress unter dem wir heute leiden, kommt einerseits von außen durch unsere Arbeits- und Lebensbedingungen – andererseits kommt er auch von innen, von unseren eigenen Ansprüchen und Erwartungen an uns selbst und unser Leben.
Erschöpfung, Überforderung und Burnout mit all den verschiedenen körperlichen und seelischen Krankheitssymptomen sind nicht nur die Folge des Stresses, der von außen kommt sondern sind auch die Folge oder die Antwort darauf, wie wir mit dem Stress umgehen. Hierfür sind innere, persönliche und psychologische Faktoren entscheidend, auf die ich später noch eingehe und die natürlich auch wieder in Zusammenhang mit unserer gesellschaftlichen Entwicklung, den Lebensverhältnissen und den Bedingungen am Arbeitsplatz gesehen werden müssen.

Kapitel_2

Was Körper und Seele kränkt

Es gibt viele Faktoren in unserem Leben, die uns kränken und krank machen können; Stress ist nur ein Faktor, der mit unseren Lebensbedingungen und den Verhältnissen unserer Gesellschaft eng zusammenhängt. Viele Kränkungen erleben wir aber auch im privaten persönlichen Leben, in Beziehungen, in Konflikten, in unseren Erwartungen, die nicht erfüllt werden und so zu Enttäuschungen und Frustration führen, in biografischen Krisen und in Krisen der persönlichen Entwicklung.

Offensichtlich geschehen Kränkungen an Leib und Seele immer über unser seelisches Erleben.[10] Ob Enttäuschung oder Verlust, Versagen oder Überforderung, Krise oder Beziehungskonflikt, es kommt wesentlich darauf an, wie wir mit unseren seelischen Herausforderungen umgehen können. Gelingt uns ein angemessener Umgang nicht, so fühlen wir uns ärgerlich, enttäuscht, vielleicht überfordert. Die Folge kann sein, dass wir uns verspannen, dass wir ständig an das Problem denken, ärgerlich und gereizt werden. Findet keine Entlastung statt, zum Beispiel durch ein helfendes Gespräch, so können sich weitere psychische Beschwerden einstellen, wie beispielsweise Gedankenkreisen, Schlafstörungen, Aggressionen oder Angstzustände, bis hin zu Depressionen. Anstelle der seelischen Symptome können sich auch körperliche Beschwerden entwickeln, wenn man für unangenehme seelische Empfindungen nicht empfänglich ist; so beispielsweise schmerzhafte Muskelverspannungen, Kopfschmerzen, Blutdruckerhöhung oder Appetit- und Verdauungsstörungen.

Natürlich sind Krankheiten immer multifaktoriell bedingt; besonders für die Erschöpfungskrankheiten spielen aber soziokulturelle Faktoren, Arbeitsbedingungen und psychische Stressoren eine entscheidende Rolle. In den *modernen* Leiden spiegelt sich der Zeitgeist wider. Ein Zeitgeist der von Beschleunigung und Beliebigkeit, Leistungserwartung und Reizüberflutung, Wachstum und Sinnleere geprägt scheint. In diesen Zeitphänomenen liegen potentiell kränkende Kräfte, die insbesondere zu Überforderung, Orientierungsverlust, Erschöpfung, existenziellen Fragen und Sinnverlust führen.

Haltlos, getrieben, unsicher, ausgeliefert und orientierungslos erleben sich viele Menschen in einer fragmentierten, unüberschaubaren und beschleunigten Welt. Herausgerissen aus überlieferten und gewohnten Geborgenheiten, entlassen aus Traditionen und sozialen Bindungen und entfremdet von biografischen und gesellschaftlichen Orientierungsmöglichkeiten, von zwischenmenschlichen Umgangsformen und überliefertem Wissen beschreibt der englische Soziologe Anthony Giddens den Menschen als *entbettet* aller halt- und sicherheitgebenden Strukturen.[11] Der seiner Grundlagen *entbettete*, verlustig gewordene Mensch wird seiner Welt und seiner Gewohnheiten entfremdet; wir erleben den Verlust von Verbundenheit und Vertrautheit. Unübersehbare Möglichkeiten, bereichert durch virtuelle Welten, führen zu seelischer Unsicherheit und mentaler Entscheidungsschwäche, zu Motivationsverlust und Orientierungslosigkeit, zu Leistungsschwäche und Erschöpfung, zu Ängsten und Depressionen bis hin zur Lebensmüdigkeit. Das ist die Tendenz einer Burnout-Entwicklung, das Ausbrennen von Freude, Sinn und Begeisterung am Leben. *So findet sich der heutige Mensch in einer labyrinthischen Unmündigkeit wieder. Er erlebt schmerzlich, dass wachsender Fortschritt immer auch wachsende Ratlosigkeit bedeutet. Die erdrückende Wissensflut befähigt ihn nicht, sich für das Gute zu entscheiden.*

Vielmehr bewirken die komplexen, chaotischen Systeme, aus denen Wissen und sogenannter Fortschritt entspringen, dass er das Gute nicht mehr erkennen kann. So wie die Welt ein unüberschaubarer, fragmentierter Ort geworden ist, so ist auch er fragmentiert. Das Ich – ein dunkles Kaleidoskop ständig wechselnder Wünsche, Ängste, Sehnsüchte und Selbstsüchte. Nichts was ihn verlässlich zusammen hält, das ihm eine Mitte zeigt, die der Urgrund ist. Die Systeme, in deren Griff er sich vorfindet, eröffnen ihm pausenlos wechselnde und widersprüchliche Perspektiven. Das Urvertrauen als Grundlage des Seins ist abhanden gekommen.[12]

Dem Menschen wird heute immer weniger in die Wiege gelegt. Frei und unabhängig von Traditionen, Überlieferungen und erkennbaren Zwängen und losgelöst von familiären und gesellschaftlichen, von religiösen, kulturellen, sozialen und weltanschaulichen Bindungen und Erwartungen, soll und kann er sich im Laufe seines Lebens nach eigenem Gutdünken entscheiden. In nahezu allen Lebensbereichen ist der Mensch heute herausgefordert zu Selbstbestimmung und Selbstgestaltung. Das führt oft schon an die Grenze der Überforderung, angesichts der unübersehbaren Optionen und fehlender Orientierungshilfen. Doch der moderne Mensch möchte ja mehr: er strebt nicht nur nach Selbstbestimmung in Fragen der Berufswahl, der Krankenversicherung oder der Kirchensteuer – es geht um Selbstverwirklichung. Dieses Bedürfnis steht den Erwartungen einer Leistungsgesellschaft, in der man in erster Linie zu *funktionieren* hat, entgegen. Leben als Funktionieren in der Leistungsgesellschaft mit dem Lohn des Erfolgs, oder Leben als Selbstverwirklichung mit dem Lohn der Selbstzufriedenheit entwickelt sich zu einer existenziellen Frage und Herausforderung. Dabei geht es um die Frage nach den tragenden Werten, nach den Quellen der Lebensfreude, nach lohnenden Inhalten, nach Sinn und Ziel des eigenen Lebens.

Das Selbst auf der Suche nach der eigenen Identität und Orientierung in der unübersichtlichen Welt überfordert den Menschen: Es entwickeln sich bisher kaum gekannte Zustände von chronischer Erschöpfung, Müdigkeit, Burnout, Depressionen, chronische Schmerzzustände, Abhängigkeiten und Identitätskrisen.

Der Sinnverlust im Leben unserer Zeit scheint ein wesentlicher kränkender Faktor zu sein. Denn wozu soll man sich anstrengen, wenn doch alles sinnlos ist? Sinnkrisen hatten Menschen in früheren Zeiten auch schon erlebt und bewältigt. So beschreibt Emrich drei Sinnkrisen in der abendländischen Geschichte: *Der Vorgang der Bedrohung der menschlichen Kultur durch Sinnzerfall ist ein Prozess, der sich in der Geschichte des Abendlandes offenbar vor dem modernen Nihilismus schon zweimal abgespielt hat, einmal in der klassischen Antike Griechenlands im Auftreten der Sophisten, in deren Bewältigung Sokrates und Platon ihre Philosophie entwickelten, letztlich eine Philosophie des Eidos, der platonischen Idee, eine Philosophie der Wahrheit und Gerechtigkeit; und eine zweite kritische Phase dieser Art im Auftreten des Skeptizismus und in dessen Bewältigung durch Descartes. Als das verbindende Element zwischen Sophismus, Skeptizismus und dem modernen Nihilismus kann man den Sinnzerfall, das Verschwinden ethischer Wahrheiten ansehen.*[13]

Vielleicht geht es bei unserer heutigen Sinnkrise weniger um die Begründung einer neuen Philosophie, als vielmehr um die individuelle aktive und bewusste Suche nach dem Sinn im eigenen Leben. Dies setzt freilich voraus, dass es einen Sinn gibt, den man finden kann; deshalb scheint es mir besser zu sein, von Sinnbildung zu sprechen. Das bedeutet, dass jeder Mensch für sich selbst seinen Sinn bilden kann. Den Sinn, den er im Leben verwirklichen will, der sein Leben für ihn sinnvoll macht und dadurch auch Freude und Begeisterung ins Leben bringen kann. Natürlich können Religionen, Philosophien, die Künste, Literatur, Spiritualität und Weltanschauungen wesentlich bei der individuellen Sinnbildung unterstützen und Orientierung geben.

Authentische Lebensführung ermöglicht eine sinnvolle Lebensgestaltung und unterstützt die Identitäts- und Sinn-Bildung in der eigenen Biografie. Dazu bedarf es eines Urvertrauens an die Sinnhaftigkeit des Lebens und der Fähigkeit zur Transzendenz, im Sinne der Überwindung einer Gebundenheit an die nur materielle Welt, also die Anerkennung einer geistigen Welt.

In dem Vertrauen an die Sinnhaftigkeit der Welt und des Lebens und der persönlichen Lebensereignisse liegt ein wesentlicher Faktor der Gesundheit, wie wir durch die Arbeiten des amerikanisch-israelischen Soziologen Aaron Antonovsky (1923-1994), dem Begründer der Salutogenese, überzeugend wissen. So beschrieb Antonovsky das Kohärenzgefühl als Quelle der Gesundheit durch die drei Komponenten der Verstehbarkeit, der Handhabbarkeit und der Bedeutsamkeit, das heißt, der Sinnhaftigkeit, die die Lebens-Ereignisse haben und die wir ihnen geben. *Ich kann nun das Kohärenzgefühl wie folgt neu definieren: Das Kohärenzgefühl ist eine globale Orientierung, die ausdrückt, in welchem Ausmaß man ein durchdringendes, andauerndes und dennoch dynamisches Gefühl des Vertrauens hat, dass*

1. *die Stimuli, die sich im Verlauf des Lebens aus der inneren und äußeren Umgebung ergeben, strukturiert, vorhersehbar und erklärbar sind;*
2. *einem die Ressourcen zur Verfügung stehen, um den Anforderungen, die diese Stimuli stellen, zu begegnen;*
3. *diese Anforderungen Herausforderungen sind, die Anstrengung und Engagement lohnen.*[14]

Diese Fähigkeit des Vertrauens in die Sinnhaftigkeit einerseits und der Fähigkeit zur Sinngebung andererseits ist schon eine Form der Transzendenz, die den Menschen befähigt, sich den Ereignissen gegenüber nicht ausgeliefert zu fühlen. Das ermöglicht uns, Ruhe, Gelassenheit und Zuversicht zu entwickeln, auch und gerade in Situationen von Hektik, großer Beanspruchung und Schicksalsherausforderungen. Es ist eine Qualität von Geistesgegenwart, die uns konkret vor Überforderung und Dekompensation schützt.

Die Frage, ob Stress oder eine andere Kränkung zu einer Erkrankung führt oder gesund überwunden werden kann, hängt von vier Faktoren ab:

1. von der Stärke/Intensität der Kränkung;

2. von der Zeitdauer der kränkenden Einwirkung;

3. von den institutionellen und/oder individuellen Schutzmöglichkeiten;

4. von den individuellen Bewertungs- und Bewältigungs-Möglichkeiten.

Sind die Faktoren 1 und/oder 2 besonders stark, wie beispielsweise bei chronischem Stress oder bei traumatischen Erfahrungen, so wird eine gesunde Bewältigung schwerer und zu einer besonderen individuellen Leistung. Im Sinne des Salutogenese-Konzepts von Antonovsky hat ein Mensch dem dies gelingt, ein starkes Kohärenzgefühl:

1. Für ihn ist die belastende oder kränkende Situation verstehbar;

2. Er fühlt sich den Anforderungen zur Bewältigung gewachsen oder weiß, wie er die dazu notwendige Unterstützung bekommen kann;

3. Er kann – trotz aller Belastung – in den Ereignissen einen Sinn erkennen, ihnen einen Sinn zuordnen oder ist von der Sinnhaftigkeit auch dann überzeugt, wenn der Sinn momentan für ihn noch nicht erkennbar ist. Diese dritte Komponente des Kohärenzgefühls,

die Überzeugung von der Sinnhaftigkeit, ist für die Fähigkeit des Gesund-Bleibens und des Gesund-Werdens unter den Belastungen und Gefährdungen des Lebens die entscheidend wichtige.
Im Erleben von Sinn liegt eine starke Kraft zur gesunden Bewältigung der Belastungen und Herausforderungen des Lebens. Kränkend dagegen wirkt jedes Gefühl, sinnlosen Ereignissen oder Belastungen ausgesetzt zu sein. Das Erleben von Sinnlosigkeit lähmt die eigene Motivation, sich anzustrengen und seine Ressourcen zur Bewältigung zu mobilisieren. Das Bemühen, Sinn zu erkennen oder Sinn zu geben ist ein wesentlicher Schritt zum Gesund-Bleiben oder Gesund-Werden. Die Sinn-Gebung ist ein individueller Akt aus persönlicher Freiheit und in eigener Verantwortung, für die eigene Gesundheit und Lebensfreude. Die Beschäftigung mit Spiritualität, sei es in Religion, Weltanschauung, Philosophie, Kunst, Musik oder Poesie ist eine Quelle, um Sinnhaftigkeit erleben zu können.

Kapitel_3

Die Sprache des Körpers bei Stress

Schauen wir auf die Sprache des Körpers, auf seine Ausdrucksmöglichkeiten, wenn er durch Stresssituationen gekränkt wird.[15] Zunächst können wir feststellen, dass unser menschlicher Körper mehrere Sprachen spricht; manche dieser Sprachen beherrschen wir in Ausdruck und Verstehen wie zum Beispiel der körperliche Ausdruck von Lachen und Weinen, der Ausdruck von Mimik und Gestik und der gesamten Körperhaltung. Diese Körpersprache ist uns zum Teil bewusst, zum Teil unbewusst. Neben diesen körpersprachlichen Ausdrucksmöglichkeiten gibt es eine weitere Körpersprache, die noch unbewusster ist und gar nicht bewusst von uns eingesetzt werden kann. Es ist die Sprache unserer Organe. Also beispielsweise der sogenannten inneren Organe wie Herz und Lunge, Magen und Darm, Leber und Nieren. Normalerweise bemerken

wir unsere Organe nicht, das heißt sie *sagen* uns normalerweise nichts und dann fühlen wir uns wohl und gesund.
Entsprechend gab es im 19. Jahrhundert eine Mediziner-Schule, die Gesundheit mit folgendem schönen Satz definierte:

Gesundheit ist das Schweigen der Organe.

Wenn unsere Organe schweigen, wenn sie uns nichts zu sagen haben, wenn wir sie nicht spüren, wenn sie ihre Aufgaben, das heißt ihre Funktionen erfüllen, dann fühlen wir uns gesund und wohl. Wenn sich aber ein Organ bemerkbar macht, sei es in einem einfachen Beispiel, dass der Magen sich nach einem sehr reichlichen Essen mit einem Völlegefühl bemerkbar macht, so verstehen wir in diesem Fall schnell, was er damit sagen möchte. Wir verstehen zum Beispiel auch, wenn wir an einem Tag etwas Trauriges erlebt oder erfahren haben und dann am Abend nach Hause kommen und keinen Appetit mehr haben; es ist uns auch verständlich, wenn uns nach einem anstrengendem langen Arbeitstag mit vielen Terminen, Besprechungen und Auseinandersetzungen am Abend der Kopf schmerzt. Schwieriger wird es schon, wenn wir spüren, dass unser Herz aus dem Rhythmus gerät; dann wissen wir oft nicht gleich, warum das geschieht; so hat es die

Schriftstellerin Christa Wolf ausgedrückt:

Dass Du nicht verstandest, was passierte, als der Herzrhythmus entgleiste, aber sofort begriffst, warum es passierte. Das Organ hatte die heikle, vielleicht gefährliche Aufgabe übernommen, den Zustand schweren inneren Gejagt-Seins zu vermelden, den Du anders nicht zur Kenntnis nehmen wolltest. Die Sprache unserer Organe, die wir nicht entschlüsseln können, weil wir eisern entschlossen sind, Körper- und Seelen-Gedächtnis voneinander zu trennen.

Weil wir eisern entschlossen sind, Körper- und Seelengedächtnis voneinander zu trennen, das heißt wir wollen uns selbst einreden, dass unser Körper mit unserer Seele nicht zu tun haben soll. Dass die Seele beispielsweise Probleme haben kann, aber dies den Körper nichts angehen soll.

Wir funktionieren aber nicht so – Leib und Seele sind nicht voneinander getrennt, sondern sie sind, solange wir leben, immer miteinander verbunden, sie kommunizieren miteinander und können sich partnerschaftlich wechselseitig etwas abnehmen.
Wenn nun ein Organ nicht mehr schweigt, wenn ein Organ beginnt zu *sprechen,* dann merken wir das oft sehr schnell, wir spüren es sozusagen leibhaftig, dass etwas nicht mehr in Ordnung ist, wenn ein

Organ in seiner Funktion gestört ist oder wenn es Schmerzen erzeugt. Aber wir verstehen eben, wie es Christa Wolff ausgedrückt hat, oft nicht warum es geschieht, und vor allem nicht, was das Organ uns damit sagen will.
Die Organsprache unseres Körpers erscheint wie eine Sprache mit mehreren Dialekten; jedes Organ hat seinen eigenen Dialekt, manche sind leichter verständlich, andere schwerer, und manchmal braucht man einen Dolmetscher oder hätte gern ein Wörterbuch zur Hand, um die Sprache eines Organs verstehen zu können.

Drei exemplarische Patientenbeispiele

Ein 36-jähriger Abteilungsleiter in einem Automobil-Unternehmen bekommt die Chance Verkaufsleiter in einer Niederlassung zu werden. Diese Niederlassung hat Probleme, es läuft nicht rund und er soll dafür sorgen, dass die Niederlassung wieder *schwarze Zahlen* schreibt. Er ist ehrgeizig genug, diese Stelle anzunehmen, obwohl er dafür von Montag bis Freitag in einer anderen Stadt wohnen muss und seine Familie die Woche über nicht sieht und nur an den Wochenenden zu Besuch nach Hause kommen kann. Das Sanierungsprojekt war anfangs auf ein Jahr befristet; bald

zeigt sich, dass die Zeit nicht ausreicht, er muss länger dort bleiben als geplant. Das Projekt ist viel schwieriger, als er dachte und es braucht seinen vollen Arbeiteinsatz. Er arbeitet 14 – 16 Stunden täglich, er isst unregelmäßig, meist Süßigkeiten und Fastfood. Die Probleme treiben ihn um, er kann nicht mehr einschlafen, er nimmt Schlaftabletten, tagsüber trinkt er viel Kaffee, raucht sehr viel mehr als früher, er bekommt Kopfschmerzen und sein Gewicht steigt von Woche zu Woche. Er wird fahrig, nervös, gereizt, und wenn er am Wochenende nach Hause kommt, fühlt er sich auch von seiner Frau und seinem Sohn genervt; er kann nicht mehr abschalten, er kann sich nicht mehr erholen, er ist ständig in Anspannung.
Wegen der Schlafstörung und der Kopfschmerzen geht er zum Arzt. Neben erheblichem Übergewicht stellt der Arzt einen deutlich erhöhten Blutdruck fest, der nun medikamentös behandelt werden muss. Die guten ärztlichen Ratschläge, regelmäßig und weniger zu essen, sich mehr zu bewegen und weniger zu rauchen, kann der Patient nicht befolgen; sein Stress geht weiter und weiter, er sieht für sich keine Möglichkeit aus diesem Hamsterrad auszusteigen; die Schlafstörungen und die Kopfschmerzen nehmen zu, bis er nicht mehr kann.
Er geht wieder zu seinem Arzt und klagt über

starke Erschöpfung. Der Arzt weist ihn zur psychosomatischen Behandlung in die Klinik ein. Inzwischen waren Schlafstörungen und Kopfschmerzen chronisch geworden, das Übergewicht massiv, der Blutdruck auch unter medikamentöser Behandlung immer noch zu hoch, der Mann war in ständiger Anspannung, er kam nicht mehr zur Ruhe, er war nervös, gereizt, gehetzt und verzweifelt. Er war ausgebrannt.

In der stationären psychosomatisch-psychotherapeutischen Bearbeitung wurde deutlich, dass er alle frühen Anzeichen und Warnungen seines Körpers, die ersten Schlafstörungen, die ersten Appetitstörungen, die ersten Kopfschmerzen, alle ignoriert und verdrängt hatte, er wollte die Sprache seiner Organe nicht zur Kenntnis nehmen, er hatte sich nur eines gesagt:

Durchhalten! – Ich muss durchhalten! – Ich will das zu Ende bringen – Ich darf nicht aufgeben!

Mit seiner Formel: *Ich muss durchhalten – ich darf nicht aufgeben* hatte er sich selbst überfordert, hatte sich taub gemacht für die Sprache seiner Organe, hatte die Grenzen seiner Leistungsfähigkeit überschritten und weitergemacht, obwohl die Sprache seiner Organe immer eindringlicher wurde, bis der Hilferuf seines Körpers nicht mehr zu überhören war.

Er wurde ausgenutzt von seinem Arbeitgeber – und er hat sich ausnutzen lassen – er hat sich selbst total verausgabt, weil er meinte, er müsse durchhalten. Schließlich hat er nicht durchgehalten: er war am Ende seiner Kräfte angelangt und konnte nicht mehr. Er war ausgebrannt.
Auf diese Weise brauchte er ein halbes Jahr Krankheitszeit, um dann mit einer vorsichtigen Wiedereingliederung von neuem beginnen zu können.

II Ein 42-jähriger Ingenieur, Teamleiter in einem großen IT- Unternehmen, arbeitet schon seit mehreren Jahren in diesem Betrieb voller Begeisterung und mit viel Engagement, seine Karriere fest im Blick. Langsam aber sicher gelingt es ihm, sich unentbehrlich zu machen, durch viele Überstunden und freiwillige Mehrarbeit. Er macht viele Dienstreisen, ist ein sehr kommunikativer, fröhlicher und schneller Typ, sehr leistungsorientiert und ehrgeizig. Er vernachlässigt seine Familie. Er vernachlässigt seine früheren Hobbys. Er engt sich immer mehr ein auf seine ehrgeizigen Karrierepläne. Seine Frau und die beiden Kinder leiden unter seinem übergroßen Engagement in der Firma, unter seinen häufigen Abwesenheiten wegen Dienstreisen oder abendlichen Geschäftsessen mit Kunden. Schließlich gibt es Schwierigkeiten

im Unternehmen, er muss die Abteilung wechseln, gegen seinen Willen einen neuen Aufgabenbereich übernehmen. Er strebt aber eine andere Position an. Es entstehen Differenzen mit seinem Chef, der ihm eine noch anspruchsvollere Aufgabe nicht zutraut – er kämpft dafür, er will es seinem Chef zeigen: er zeigt noch mehr Engagement, nimmt noch mehr Termine an, macht noch mehr Reisen und noch mehr Essen mit Geschäftspartnern. Das bekommt weder ihm, noch seiner Familie.
Er wird gereizt, unzufrieden, zynisch, er schimpft auf den Chef und die Firma, er überlegt sich zu kündigen, tut es aber nicht. Er macht weiter.
Es treten Schlafstörungen auf, Appetit- und Verdauungsstörungen, vermehrter Genuss von Alkohol – alles gefällt ihm nicht mehr, es widerstrebt ihm, er zwingt sich. Jetzt tritt ein bemerkenswertes Symptom auf: bei Geschäftsessen mit Kunden hat er das Gefühl nicht mehr richtig schlucken zu können; er hat Angst, sich zu verschlucken und daran zu ersticken – er entschuldigt sich bei Tisch, geht zur Toilette, tief durchatmen – wieder zurück zum Essen mit den Kunden – es geht nicht mehr. Er ist von seiner Angst beherrscht, versucht, in Zukunft Geschäftsessen zu vermeiden, bald fällt es auf – er weiß vor lauter Angst und Verzweiflung nicht mehr, was er tun soll, er ist getrieben von der Angst, beim Schlucken zu ersticken. In einem

sehr verzweifelten Zustand kommt er in meine Sprechstunde und dann in stationäre Behandlung. Er meint, er könne wohl gar nicht mehr in seinen Beruf zurück, es sei aus, er sei am Ende: Burnout. Nach einigen Wochen stationärer Behandlung und anschließender ambulanter psychotherapeutischer Weiterbehandlung ist er wieder voll und erfolgreich in seinen Beruf zurückgekehrt. Dort geht er sehr offensiv und offen mit seiner Diagnose Burnout um: er erzählt seinen Kollegen und auch seinem Chef davon und er berichtet, worauf er jetzt achtet, dass sich eine solche Entwicklung nicht wiederholt: er will sich nicht mehr unentbehrlich machen – er grenzt sich ab, er nimmt sich seine Freizeit, ist für seinen Familie da, pflegt innere Werte, Interessen und gemeinsame Unternehmungen mit seiner Familie. Er beginnt wieder am Wochenende zu Hause zu kochen und mit seinen Kindern zu spielen. Die Angst, beim Schlucken zu ersticken, hat er nicht mehr. Er ist im Beruf nicht weniger tüchtig und erfolgreich, aber er achtet auf Pausen und Erholung und pflegt seine persönlichen Ressourcen zur Regeneration seiner Kräfte. Er hat seine persönlichen Ziele um innere Werte ergänzt. Damit fühlt er sich besser, glücklicher und ausgeglichener. Das bestätigen ihm die Kollegen und seine Frau und die Kinder.

Es ist offensichtlich: die Organsprache hatte ihn so in Angst versetzt, dass er keine Chance mehr hatte, sie zu überhören oder weiterzumachen. Die Angst trieb ihn in Behandlung. Das war seine Chance zur Wandlung.

Eine 25-jährige angestellte Uhrmacherin arbeitete in einem kleinen Familienbetrieb im Verkauf und bei der Reparatur von Uhren. Ihr Alltag verlief gewöhnlich so: Frau und Tochter des Meisters bedienten im Laden, der Meister, die junge Frau als Gesellin und zwei Auszubildende saßen an einem großen Arbeitstisch in der Werkstatt und führten die Reparaturarbeiten durch. Soweit - so gut, aber nun hatte dieser Uhrmachermeister, von cholerischem Temperament und herrschsüchtigem Charakter, die Angewohnheit, in sehr bestimmendem Ton seine Kommentare und Meinungen zu den politischen Tagesereignissen zum Besten zu geben. Die junge Frau, sensibel und von melancholischem Temperament, hatte andere politische Ansichten als ihr Chef, traute sich aber nicht, sie auszusprechen und sich mit ihrem autoritären und cholerischen Meister darüber zu streiten. Sie behielt ihre Meinungen für sich, ließ sich auf keine Auseinandersetzung ein, sagte einfach gar nichts und schluckte ihren Widerspruch herunter. Auf die Dauer bekam ihr das nicht gut, sie fühlte sich zunehmend den Behauptungen ihres Chefs ausgeliefert. Es gelang ihr nicht sich abzugrenzen, einfach nicht hinzuhören; sich ihren Teil zu denken, geschweige denn, zu widersprechen. Auch mit den beiden Auszubildenden tauschte sie sich nicht aus, um sich zum Beispiel bei ihnen Unterstützung zu holen. Sie schwieg, sie litt, sie bemühte sich, alles für sich zu behalten und nichts von ihrem inneren Erleben sichtbar werden zu lassen. Eines Tages, der Chef hatte gerade wieder seine Meinung zum politischen Tagesgeschehen vorgetragen, da konnte sie nicht mehr ... Sie stand auf und musste zur Toilette, sie hatte Durchfall. Von diesem Tag an hatte sie immer häufiger Durchfall und musste den Arbeitsraum verlassen, um die Toilette aufzusuchen. Es blieb aber nicht bei einfachem Durchfall; bald kamen Schleim und Blut hinzu, Schmerzen und körperliche Schwäche. Als sie zu mir in Behandlung kam, hatte sie eine schwere Colitis ulcerosa, eine chronisch entzündliche Erkrankung des Dickdarms mit bis zu 20 blutigen Durchfällen am Tag. Sie war am Ende ihrer Kräfte. Als sie mir von ihrer Arbeitssituation berichtete und wie es ihr dabei seelisch ergangen war, sagte sie, sie fühlte sich täglich von ihrem Meister vergewaltigt.

Alle drei geschilderten Patienten hatten eine unterschiedliche Form von Stress und Belastung in ihrem Berufsleben – und alle drei hatten offensichtlich keine geeignete Möglichkeit mit ihrem Stress, mit ihrer psychischen Belastung und Überforderung angemessen umgehen zu können.

Bei dem ersten Beispiel war es der weit verbreitete und typische Stress von zuviel Arbeit, Zeitdruck und fehlender Unterstützung durch Kollegen oder Vorgesetzte. Begleitet von dem eigenen unangemessenen Anspruch, auf jeden Fall durchhalten zu müssen; dabei aber nicht auf die eigenen Grenzen und Bedürfnisse zu achten und alle Erholungsmöglichkeiten zu ignorieren.

Bei dem zweiten Beispiel war es ähnlich: zu viele Termine, zu viel Arbeit, zu viel Stress, zu viel Ehrgeiz, keine entspannende Freizeit, keine Hobbys, keine Erholung.

Im dritten Beispiel der jungen Frau war es nicht zuviel Arbeit oder Terminstress, sondern es war die emotionale Belastung durch einen cholerischen und dominanten Vorgesetzten und die Unfähigkeit, sich davon abgrenzen zu können.

Was können uns diese Beispiele zur Sprache unseres Körpers, zur Sprache unserer Organe sagen?

Bei den geschilderten drei Patienten haben wir nicht nur das Phänomen, dass bei jedem ein anderes Organ gesprochen hat, beim ersten vorzugsweise der Kopf, beim zweiten Schlucken und Atmen, der Kehlkopf, und bei der dritten Patientin der Dickdarm. Auch die Sprachen selbst sind verschieden.

Ich möchte an hand dieser Beispiele drei unbewusste Körpersprachen beziehungsweise Organsprachen unterscheiden:

Bei dem ersten Beispiel handelt es sich um eine spontane Organsprache. Damit meine ich, dass ein Organ, häufig ist es die Muskulatur, zum Beispiel des Nackens oder des Rückens, oder auch die Muskulatur der Blutgefäße auf eine psychische Anspannung sehr schnell ebenfalls mit einer Anspannung reagieren, die dann zu einer Verspannung führen. Daraus resultieren die häufig im Zusammenhang mit Stress und Belastung auftretenden muskulären Anspannungen und Verspannungen mit entsprechenden Verkrampfungen und Schmerzen beispielsweise im Schulter-Nacken-Bereich mit Kopf- oder Rückenschmerzen. Auch der unter Spannung und Stress erhöhte Blutdruck ist zunächst Ausdruck einer Spontansprache, die allerdings dann chronisch werden kann.

Wenn bei solchen Beschwerden die Sprache des Organs verstanden und etwas zur Lösung der belastenden Situation unternommen wird, so kann eine Chronifizierung der Beschwerden vermieden und baldige Beschwerdefreiheit erreicht werden. Im Fall des ersten Beispiels hätte es bedeutet, dass der Betroffene auf einen Tagesrhythmus mit regelmäßigen Mahlzeiten achtet, dass er auf Bewegung achtet, dass er etwas zu seiner Entspannung und Erholung getan hätte, und vor allem, dass er sich von seinem Anspruch *Ich muss durchhalten – Ich darf nicht aufgeben* verabschiedet hätte, beziehungsweise die Erfüllung seines Ziels und seiner Möglichkeiten realistisch eingeschätzt und dafür mehr Zeit gefordert hätte.

In dem zweiten Beispiel des Patienten mit der Schluck- und Erstickungsangst, ist es keine Spontansprache des Organs gewesen, sondern vielmehr eine Symbolsprache. Die Angst, bei einem Geschäftsessen sich zu verschlucken und dabei zu ersticken, brachte in sehr starker Symbolik zum Ausdruck, dass es ihm zu viel geworden war, was er zu schlucken, was er zu erledigen, was er zu erfüllen hatte. Diese starke und für den Patienten lebensbedrohlich erscheinende Symbolsprache eines Organs brachte ihn verständlicherweise sehr schnell dazu, die Notbremse zu ziehen und sich in Behandlung zu begeben.

Bei dem dritten Beispiel handelt es sich wieder um eine andere Organsprache; sie ist in dem geschilderten Fall nicht spontan (obwohl der Darm ja oft auch spontan mit Durchfall oder Verstopfung reagieren kann), sie war auch nicht primär symbolisch (obwohl man durchaus auch einen symbolischen Anteil daran erkennen kann), sie war hauptsächlich, wie ich es ausdrücken möchte, eine *Geheimsprache.* Das heißt die Sprache des Dickdarms der Patientin drückte ein Gefühl aus, das ihr selbst in der Situation nicht zum bewussten Erleben gekommen war: sie fühlte sich hilflos, ausgeliefert, schließlich vergewaltigt; das heißt wehrlos.
Naturgemäß ist die Spontansprache eines Organs in unmittelbarem Zusammenhang mit einer physischen oder psychischen Belastung am schnellsten und einfachsten zu verstehen.
Die Symbolsprache eines Organs ist am eindrücklichsten und ruft am stärksten nach Aufmerksamkeit und Hilfe, während die *Geheimsprache* eines Organs sich meist langsam entwickelt und für die Betroffenen am schwersten zu deuten ist.

Im Falle der Spontansprache, also beispielsweise bei muskulärer Verspannung, Kopfschmerzen, Rückenschmerzen oder Appetitlosigkeit bei Ärger oder Trauer, der Durchfall vor der Prüfung, all diese spontanen Organsprachen bringen offensichtlich ein unbewusstes oder nicht weiter beachtetes Gefühl zum Ausdruck, sei es Anspannung, Überforderung, Ärger, Stress, Kummer, oder Traurigkeit. Ein solches akutes Gefühl kann sich, wenn es nicht bewusst erlebt und ausgesprochen oder sonst wie ausgedrückt wird, durch die unbewusste und unwillkürliche Körpersprache spontan zum Ausdruck bringen. Die dazugehörenden Krankheitsbilder nennen wir im allgemeinen *funktionelle Störungen* oder Somatisierungsstörung.

Bei der Symbolsprache erlebt der Betreffende zwar ein starkes seelisches Gefühl, wie es bei dem zweiten Patientenbeispiel mit der Erstickungsangst der Fall war; aber die Bedeutung und der Zusammenhang mit seiner Arbeitssituation waren ihm nicht verständlich. Er hatte sich zwar gestresst gefühlt, hatte aber für sich die Vorstellung, dass es nicht anders sein könne, wenn er Karriere machen wolle. Er hatte versucht seine Gefühle zu ignorieren, er hatte sie verdrängt – und verdrängte Gefühle gehen den Weg vom seelischen Erleben in das körperliche Erleben, sie drücken sich in einem Organ ab, führen zu einem symbolischen Ausdruck, der einen starken emotional-appellativen Charakter hat, wie es die Erstickungsangst ja eindeutig ist. Solche Erkrankungen betreffen in der Regel Organe mit Willkür-Muskulatur, also typischerweise Gliedmaßen- oder Atem- und Schluck-Muskulatur.

Bei der *Geheimsprache* eines Organs ist die Situation noch etwas verborgener: für die geschilderte Patientin war es nicht möglich in ihrer beruflichen Situation und mit ihrem melancholischen Temperament das Gefühl von Hilflosigkeit, Schutzbedürftigkeit und Ausgeliefertsein, ja von Vergewaltigt-Sein überhaupt zuzulassen und bewusst zu spüren. Dies war zu viel für sie. Die junge Frau hatte für ihr seelisches Erleben in dieser Situation keine Worte, keine Sprache, keine Ausdrucksmöglichkeiten, weil sie davon überfordert war und für sich keine Lösungsmöglichkeit gesehen hatte.
Es ist eine Situation, die wir in der psychosomatischen Medizin als *Alexithymie* bezeichnen, als Zustand der Wortlosigkeit, der Sprachlosigkeit für Gefühle. In einem solchen Fall, wenn uns eine Situation emotional überfordert, kommt die Organ-*Geheimsprache* zum Einsatz und zwar aus tiefem Unbewusstsein heraus. Hier sind ausschließlich Organe betroffen mit unwillkürlicher Muskulatur, die normalerweise vegetativ unbewusst arbeiten.

So haben die drei Organsprachen jeweils ihre Körperorte an denen sie vorzugsweise erscheinen, und ihre Symptome mit denen sie sich bemerkbar machen. Es sind Signale um Hilfe für die Bewältigung zu bekommen. In diesem Sinn sind solche Erkrankungen im eigentlichen Sinn selbst schon erste unbewusste Hilfestellungen, die wir allerdings erst richtig deuten und verstehen müssen, damit sie uns bei der Bewältigung einer konkreten Herausforderung helfen können

Kapitel_4

Die Sprache der Seele bei Stress

Der Mensch leidet unter negativem Stress, dem sogenannten Distress; dieses Leiden kann sich körperlich und/oder seelisch äußern. Häufig entstehen körperliche Symptome erst sekundär, wenn seelische Ausdrucks- bzw. Bewältigungsmöglichkeiten nicht ausreichend verfügbar waren, oder nicht wahrgenommen wurden.[16]
Die vielfältigen Möglichkeiten, die uns Stress erzeugen, haben sich deutlich gewandelt: *An die Stelle rein somatischer und (wie man sofort erkennt) immer sekundärer Stressoren sind deren durchaus nicht mehr rein somatische, aber primäre Auslöser getreten.*[17]

Der Stress der uns heute zu schaffen macht, ist primär psychosozialer Stress. Die Folgen solchen Stresses sind primär ebenfalls psychisch: emotionale Belastung, seelische Überforderung, Ängste, Erschöpfung, Nervosität, Reizbarkeit, Konzentrationsstörungen, Schlafstörungen, Unruhezustände, Fragen nach dem Sinn, Versagensängste und depressive Zustände bis hin zu Verzweiflung und Lebensmüdigkeit. Erst in der Folge dieser seelischen Phänomene treten dann über das Limbische System, den Hypothalamus und die dort produzierten Releasing Factors auf die Hypophyse die sekundären hormonellen Veränderungen und tertiären somatischen Symptome auf.

Zunächst sind die Sprachen der Seele bei Stress primär nicht pathologisch oder von Krankheitswert sondern haben eine Schutzfunktion vor weiterer Überlastung und gesundheitlicher Gefährdung. Insofern sind sie auch nicht als Krankheits- sondern eher als Warn-Signale zu erkennen, die zu Krankheiten führen können, wenn sie nicht beachtet werden.

Bei den Sprachen des Körpers infolge Stress hatte ich eine Spontansprache, eine Symbolsprache und ein *Geheimsprache* unterschieden. Dabei liegt der Entstehung solcher Körper- oder Organ-Sprachen immer eine gewisse seelische Sprachlosigkeit, eine Wortlosigkeit für Gefühle, eine Alexithymie zugrunde. Deshalb ist eine Rückübersetzung der körpersprachlichen Krankheitssymptome in eine seelisch verständliche Sprache oft schwer.

Die Seele ihrerseits hat nun uns naheliegende und eigentlich leicht verständliche Sprachformen unter Stressbelastung zur Verfügung. Da gibt es als erstes die Ausdrucksform des *Rückzugs.*

Seelischer Rückzug kann eine sinnvolle und hilfreiche Reaktion sein, bei verschiedenen Formen oder Situationen von Belastung, Überforderung und Gefahr; der Rückzug kann uns dann Abstand und Zeit gewinnen lassen und dadurch Besinnungsmöglichkeit und ein Sammeln unserer Kräfte ermöglichen. Außerdem kann der Rückzug nach überstandener Gefahr oder Überforderung die Chance der Erholung einleiten. Insofern können die mit seelischem Rückzug auftretenden Erkrankungssymptome, wie Müdigkeit, Schlafstörung, Kraftlosigkeit, Lustlosigkeit und Erschöpfung eine sinnvolle Schutz-Reaktion des Organismus von Leib und Seele auf eine überfordernde Situation sein.

Deshalb darf nicht jeder Rückzug, nicht jede Erschöpfung gleich pathologisiert werden, sondern soll als Bewältigungsversuch verstanden werden. Erst wenn dieser Bewältigungsversuch offensichtlich nicht gelingt sollte überlegt werden, wie andere und angemessene Bewältigungsmöglichkeiten gefunden werden können, eventuell mit professioneller Unterstützung.

Als zweiten seelischen Ausdruck bei Stress ist der *Hilferuf* zu erkennen. Ein Hilferuf ist naturgemäß etwas *lauteres* oder sogar dramatischeres als ein Rückzug. Schließlich soll der Hilferuf von der Umgebung gehört und wahrgenommen werden und zu einer Hilfe für den Betroffenen, zu einer Entlastung führen. Als körperliche Hilferufe kennen wir beispielsweise Schmerzen, körperliche Schwäche und Organfunktionsstörungen, die diesen Sinn erfüllen. Als vergleichbare psychische Krankheitssymptome sind in diesem Zusammenhang Ängste, Schlafstörungen und Unruhezustände zu nennen.

Als dritte Seelensprache in einer Belastungs-, Überforderungs- oder Gefahren-Situation ist die *Verteidigung* zu erwähnen. Sie dient naturgemäß dem Selbstschutz. In diesem Sinn sind beispielsweise die psychischen Phänomene wie Ironie, Zynismus, Verdrängung, Aggression und Vorwürfe gegen andere (Kollegen, Vorgesetzte, die Firma, die Gesellschaft) zu verstehen. Diese Phänomene werden nicht primär mit seelischen Erkrankungen zusammen gebracht, können aber als Äquivalent verstanden werden oder als Vorzeichen kommender psychischer Dekompensation erscheinen. So beispielsweise im Rahmen einer Burnout-Entwicklung.

Eine vierte Form seelischer Ausdrucksmöglichkeit unter besonderer Belastung ist die *Abwehr.* Ihre Funktion ist eindeutig: Es geht darum, die Gefahr, die durch eine übermäßige Belastung oder Überforderung droht, abzuwehren, eine mögliche Gefährdung nicht an sich heran kommen zu lassen, sich vor Bedrohung zu schützen. Im Unterschied zur Verteidigung ist die Abwehr passiver; die Kraft des Betroffenen reicht für eine aktive Verteidigung nicht mehr aus, es hilft nur noch Abwehr, um Schlimmeres zu verhüten. Insofern ist bei der Abwehr schon viel Resignation dabei. Hält die Belastung bzw. Überforderung längere Zeit an, so kann sich die anfängliche Resignation bis zur Depression steigern, bis zur Selbstaufgabe mit starken Selbstzweifeln und schließlich Lebensmüdigkeit. Dann hat die Abwehr allerdings versagt. Diese Entwicklung ist bei einer unbehandelten schweren Burnout-Depression zu beobachten.

Werden die Sprachen der Seele von den Betroffenen, wie auch von deren Umgebung nicht verstanden und bleiben folgenlos im Sinne von Schutz oder Unterstützung, so entwickeln sich die Erschöpfungskrankheiten.

Kapitel_5

Die Erschöpfungskrankheiten

Die typischen seelischen Erkrankungen nach anhaltender Belastung, Stress, Krisen, Konflikten und chronischen Überforderungen, sind die verschiedenen Erschöpfungssyndrome.

Darunter sind folgende Diagnosen zu differenzieren:

1. Die akute Erschöpfung
2. Die chronische Erschöpfung
3. Die Erschöpfungsdepression
4. Das Burnout-Syndrom

Diese Erschöpfungssyndrome können nach Ursache, Entstehung und Verlauf differenziert werden und erfordern auch einen unterschiedlichen therapeutischen Ansatz.

5.1 Zur Differentialdiagnose der Erschöpfungssyndrome

5.1.1 Die akute Erschöpfung

Sie tritt unmittelbar nach einer akuten körperlichen Belastung auf, nach einer Zeit besonderer Anstrengung und zeigt sich vor allem in körperlicher Abgeschlagenheit, Mattigkeit, Müdigkeit, Kraftlosigkeit und dem Bedürfnis nach Ruhe und Schlaf. Kennzeichnend ist, dass ausreichend Ruhe, Erholung, Schlaf und ein rhythmischer Tagesablauf den vorherigen Erschöpfungszustand innerhalb kurzer Zeit, meist innerhalb von Tagen oder wenigen Wochen ausklingen lässt. Kann sich der von einer akuten Erschöpfung betroffenen Mensch diese Erholungszeit nehmen, im Sinne von einigen freien Tagen oder einem Urlaub, und kann er in dieser kurzen Auszeit das tun, was ihm zum Ausgleich der vorherigen Belastung hilft, so ist die akute Erschöpfung bewältigt. Diese Form der Erschöpfung hat keinen Krankheitswert und braucht keine weiteren therapeutischen Maßnahmen. Sie ist vielmehr die gesunde Reaktion des Organismus auf eine vorangegangene Belastung.

War eine solche psychische Belastungssituation länger anhaltend im Sinne einer beginnenden chronischen Stresssituation, die nicht angemessen bewältigt werden konnte und nach der es auch keine angemessene Erholungsphase gegeben hat, kann eine solche chronische psychische Stresssituation auch zu einer depressiven Reaktion im Sinne einer *Anpassungsstörung* führen. Eine solche Anpassungsstörung mit depressiver Verstimmung, Müdigkeit, eventuell Ängsten und sozialem Rückzug kann auch länger anhaltend sein, ist aber in ihrem Schweregrad leichter als eine depressive Erkrankung und in ihrem Verlauf kürzer und leichter als die Erschöpfungsdepression.

5.1.2 Die chronische Erschöpfung

Das Chronische Müdigkeitssyndrom (CFS)

Die chronische Erschöpfung, früher auch Neurasthenie oder nervöse Erschöpfung genannt, wird heute bevorzug als *Chronic fatigue Syndrome* (CFS) bezeichnet.[18] Definiert ist dieses chronische Müdigkeitssyndrom durch folgende Hauptkriterien:

Anhaltende Müdigkeit oder Ermüdbarkeit über mindestens drei Monate; dabei ist entscheidend, dass dieses anhaltende und quälende Erschöpfungsgefühl neu aufgetreten ist, nicht durch eine andere Erkrankung erklärt werden kann und nicht die Folge einer chronischen Belastungssituation ist. Im Gegenteil: es entsteht nach den normalen Verrichtungen des Alltags, oder auch schon nach dem Versuch, die alltäglichen Aufgaben zu bewältigen ohne besondere Anstrengung. Es bessert sich nicht durch Ruhe,

Schlaf oder Erholung. Dabei kann die Müdigkeit, Mattigkeit und Erschöpfung entweder als primär psychisches Phänomen erlebt werden im Sinne einer geistigen Ermüdbarkeit mit Konzentrationsschwäche und dem Gefühl, nicht mehr klar denken zu können; oder die chronische Müdigkeit kann sich als körperliche Schwäche und Erschöpfung nach nur geringen alltäglichen Anstrengungen äußern. Dabei imponieren häufig auch noch muskuläre oder andere Schmerzen und die Unfähigkeit sich entspannen zu können.

Neben diesen Hauptkriterien kommt noch eine Auswahl an sogenannten Nebenkriterien in Form von körperlichen oder psychischen Beschwerden in Betracht, die das Vollbild eines chronischen Müdigkeitssyndroms ergänzen können, wobei für die Sicherung der Diagnose nur eines dieser Nebenkriterien erfüllt sein muss:

Akute oder chronische Muskelschmerzen

Benommenheit

Spannungskopfschmerzen

Schlafstörung

Unfähigkeit sich zu entspannen

Reizbarkeit.

Weiterhin können unangenehme körperliche Empfindungen wie Schwindelgefühl, Kopfschmerzen und allgemeine Unsicherheit, die Sorge über abnehmendes körperliches und geistiges Wohlbefinden, Reizbarkeit, Freudlosigkeit sowie Ängste und Depressionen ein chronisches Müdigkeitssyndrom begleiten. Regelmäßig gehören Schlafstörungen dazu: der Schlaf wird meist als unzureichend und nicht erholsam erlebt; unter Umständen kann die Schlafstörung im Rahmen eines chronischen Müdigkeitssyndroms aber auch als vermehrtes Schlafbedürfnis und Hypersomnie imponieren.

Das chronische Müdigkeitssyndrom ist, trotz aller medizinischen Bemühungen, noch immer eine Erkrankung, für die es keine eindeutigen und objektivierbaren Parameter gibt, die die Diagnose sichern könnten. Vielmehr wird die Diagnose des CFS immer noch nach rein klinischen und deskriptiven Kriterien gestellt. Dabei ist es einleuchtend, dass für dieses chronische Erschöpfungssyndrom als Ursache keine anderen psychischen oder körperlichen Erkrankungen, also etwa eine Depression, eine Angsterkrankung, ein organisches Psychosyndrom, neurologische oder internistische Erkrankungen vorliegen dürfen. Das überraschende an der Definition dieses Krankheitsbildes ist allerdings, dass es für diese Form der chronischen Erschöpfung als Ursache

auch keine physische oder psychische Belastungssituation geben darf. Vielmehr muss diese chronische Erschöpfungskrankheit, die häufig viele Monate, unbehandelt auch Jahre anhält, nach normaler, alltäglicher Belastung auftreten, also ohne besonderen Grund.
Es ist sicherlich überraschend, wenn ein Mensch ohne Ursache, also ohne vorhergehende Erkrankung oder besondere Belastung chronisch müde und erschöpft wird, und diese Müdigkeit und Erschöpfung weder durch Schlaf noch durch Erholung gebessert werden können. Wodurch kann denn diese geheimnisvolle Erkrankung entstehen?

Der Philosoph Hans Jonas[19] beschrieb bereits 1987 den *technologischen Galopp* mit seinen unaufhörlichen Erfindungen und Produkten zur Erleichterung und Beschleunigung des menschlichen Lebens. Und er rief dazu auf, um der Autonomie und Würde des Menschen Willen diesen technologischen Galopp *unter außertechnologische Kontrolle zu bringen.* Denn er bemerkte, dass die Folgen des technologischen Galopps, der ständigen Beschleunigung und Erleichterung der Lebensvollzüge, zu einer kulturellen Sinnkrise führen. Eine solche Sinnkrise, ein Sinnverlust des täglichen privaten und beruflichen Lebens nimmt uns, jedenfalls den sensiblen Zeitgenossen unter uns, die Kraft und Motivation zum

Tun, zum Leben. Die Symptome sind Rückzug, Müdigkeit, Erschöpfung.

Es ist dieses Krankheitsbild des chronischen Müdigkeitssyndroms nicht die Antwort auf eine individuelle Überforderungssituation (wie es die anderen Erschöpfungskrankheiten alle sind), sondern es scheint viel mehr die konstitutionstypische Antwort der empfindsamen und sensiblen Menschen auf die Lebenssituation unserer Zeit zu sein. Wir können dieses Zeitphänomen auch als *Live Stress* oder *Zivilisationsstress* bezeichnen.

Eine exemplarische Krankengeschichte

Ein 32-jähriger Informatiker, schlank, von asthenischer bzw. neurasthenischer Konstitution, kopfbetont, intellektuell und von melancholisch-phlegmatischem Temperament, fühlt sich bereits seit längerer Zeit an seinem Arbeitsplatz in einem großen Forschungsinstitut überfordert. Er verbringt an seinem Arbeitsplatz wie auch zuhause viele Stunden am Computer, hat dabei aber selbst den Eindruck, er komme keinen Schritt weiter, sodass die von ihm zu bearbeitenden Projekte nie termingerecht abgeschlossen werden. Dienstreisen versucht er zu vermeiden und zu umgehen; nur mit großer Abneigung und Überwindung nimmt er an Team- und Projektbesprechungen teil; am liebsten zieht er sich an seinen Rechner zurück und sitzt dort, stundenlang, ohne Antrieb, ohne Lust, ohne Konzentration und ohne einen Hauch von Motivation.

Schon morgens beim Aufwachen fühlt er sich müde und erschöpft, der Schlaf ist trotz der großen Müdigkeit mehrfach unterbrochen und nicht erholsam; gravierende Konzentrationsschwierigkeiten, nachlassende Merkfähigkeit und bereits vormittags auftretende, sich über den Tag hinziehende Muskelschmerzen ergänzen seinen Zustand. Zu viel Süßigkeiten während der Arbeit führen zu einer Gewichtszunahme und Verdauungsproblemen. Die Stimmung ist gereizt, nervös und oft depressiv. Krankhafte Organbefunde können nicht erhoben werden. Eine Neigung zu allergischen Reaktionen und Heuschnupfen ist bekannt. Über eineinhalb Jahre schleppt er sich auf diese Weise tag täglich zur Arbeit und wieder nach Hause, ohne sich in seiner Freizeit, an Wochenenden, oder in den Urlauben auch nur in geringstem Maße erholen zu können. Aufgrund der Chronifizierung und einer Verschlechterung seines Zustandes, mit Antriebslosigkeit und depressiver Verzweiflung kommt der Patient schließlich in stationäre psychosomatische Behandlung.

Hier bekommt er neben einer medikamentösen Behandlung vor allem Kunsttheapie und Heileurythmie sowie Psychotherapie. Er erkennt in der psychotherapeutischen Reflexion seine sensible neurasthenische Konstitution und erlebt in der Kunsttherapie und Heileurythmie wie auch an der Regelmäßigkeit eines stationären Krankenhausalltags die stärkende und tragende Kraft eines gesunden Rhythmus. Er kann für sich herausfinden, was ihm gut tut und wie er seine Kräfte wieder regenerieren kann um nicht weiterhin durch seinen Alltag in die Erschöpfung zu kommen.

5.1.3 Die Erschöpfungsdepression

Das Krankheitsbild der Erschöpfungsdepression[20] ist von dem eben geschilderten Krankheitsbild des chronischen Müdigkeitssyndroms differentialdiagnostisch abzugrenzen. Bei der Erschöpfungsdepression handelt es sich um eine psychogene depressive Erschöpfung im Zusammenhang mit einer anhaltenden psychischen Belastung. Diese chronische psychische Belastungssituation muss eindeutig in Zusammenhang mit der nachfolgenden Erschöpfungsdepression gebracht werden können. Eine solche Belastungs-

oder Überforderungssituation kann beispielsweise in der aufopfernden Pflege eines kranken oder behinderten Familienmitgliedes bestehen, kann in der Doppelbelastung von Familie und Beruf bestehen, kann eine chronische Überbelastung am Arbeitsplatz sein, es kann eine Mobbing-Situation am Arbeitsplatz sein, es können aber auch anhaltende familiäre Konflikte oder Belastungen sein, oder andere zwischenmenschliche Konfliktsituationen, es können unbefriedigende berufliche Tätigkeiten ebenso sein wie finanzielle Sorgen; es können aber auch Überforderungen am Arbeitsplatz durch ständig notwendige Entscheidungen, permanente Arbeitsbelastung mit Leistungsdruck und Terminnot und permanenter Konkurrenzkampf sein; unter Umständen sogar eine berufliche Beförderung mit der Angst vor Überforderung. Den möglichen äußeren Ursachen bei der Entstehung einer Erschöpfungsdepression sind also kaum Grenzen gesetzt. Dem gegenüber muss das innere Pendant dieser äußeren Anlässe, nämlich die Persönlichkeitsstruktur der an einer Erschöpfungsdepression erkrankenden Menschen noch erwähnt werden. Diese Persönlichkeitsstruktur kann sich in einem melancholischen Temperament zeigen; die melancholische Seite kann aber auch untergründig verborgen bleiben und durch ein scheinbar sanguinisches oder hyperthymes, überaktives Wesen überspielt werden. Die Menschen sind eher übergewissenhaft, ehrgeizig, perfektionistisch mit hohen Ansprüchen an sich selbst; bei Männern erlebt man häufig den Zwang, sich selbst bestätigen zu müssen mit einer Tendenz, sich leistungsmäßig zu überfordern. Frauen sind dagegen meist überempfindlich, schwernehmend, eher selbstunsicher, schüchtern und gehemmt wirkend, die sich oft missverstanden fühlen und sich ins Abseits drängen lassen. Die Erschöpfungsdepression tritt hauptsächlich in den mittleren Lebensjahrzehnten auf, im Verhältnis der Geschlechter überwiegen Frauen.

Die Erschöpfungsdepression ist kein neues Krankheitsbild, sie hat jedoch durch unseren *modernen* Lebensrhythmus in den letzten Jahrzehnten an Bedeutung gewonnen – wenn auch in den letzen Jahren die Diagnose viel seltener verwendet wird, wohl weil die Mode-Diagnosen des CFS und des Burnout bevorzugt werden, ohne die eigentliche erforderliche Differentialdiagnostik zu beachten.
Wichtig für die Diagnose einer Erschöpfungsdepression ist der Nachweis einer unter Umständen jahrelangen seelischen Dauerbelastung. Weiterhin sollte man bei der Diagnose auch auf die angedeutete Persönlichkeitsstruktur der Betroffenen achten. Die Erschöpfungsdepression ist auch in ihrer Symptomatik und im Verlauf ein charakteristisches Krankheitsbild. Sie verläuft typischerweise in drei Phasen:

Die hyperästhetisch-asthenische Frühphase
Diese Phase ist geprägt durch Überempfindlichkeit, Reizbarkeit, Nervosität und schnelle Ermüdbarkeit; es kommt zu Einschlafstörungen, unruhigem Nachtschlaf, Konzentrationsschwächen und Leistungsrückgang sowie langsam zunehmender emotionaler Spannung, die gelegentlich zu inadäquaten Affektausbrüchen führen kann, wodurch wiederum neue psychosoziale Konflikte ausgelöst werden können.
Nach und nach, im Verlauf von Monaten oder Jahren, greift diese emotionale Spannung auf die körperliche Sphäre über und führt auf diese Weise in die zweite Krankheitsphase.

Die psychosomatische Krankheitsphase
Hierbei kommt es oft über Jahre hinweg zu anhaltenden bzw. wiederkehrenden und wechselnden vegetativen und funktionellen Beschwerden, die diffus oder auch fokussiert auftreten können wie Muskelschmerzen, Magen-Darm-Probleme, Herz-Kreislauf-Probleme, Stoffwechselstörungen und hormonelle Störungen oder rezidivierende Infekte. In dieser Phase kommen die Patienten oft erstmals zu ihrem Allgemeinarzt um sich Hilfe zu holen. Wird in dieser Situation die hinter den aus ärztlicher Sicht harmlosen körperlichen Beschwerden stehende seelische Not der Patienten nicht erkannt, entstehen

bei den Patienten Unzufriedenheit, Ärger, Ängste, unter Umständen unnötige und vermehrte Medikamenteneinnahme. Weiterhin möglicherweise steigender Alkoholkonsum und zunehmende psychische Labilisierung. Kommt in dieser Phase ein relativ unspezifisches belastendes Ereignis hinzu, beispielsweise ein Unfall, ein leichtes Schädel-Hirn-Trauma, eine Infektionskrankheit, eine Operation, ein psychischer Konflikt oder eine andere psychische Überforderung, unter Umständen auch eine plötzliche einsetzende Entlastung, so kann eine Dekompensation des psycho-physischen Gesamtgefüges des Patienten eintreten und in die nächste Krankheitsphase überführen.

■■■ *Die depressive Phase*

Jetzt kann sich, über einen sehr unterschiedlich langen Zeitraum hinweg, das Vollbild einer echten depressiven Erkrankung entwickeln, mit depressiver Stimmung, ängstlichen Stimmungen, innerer Unruhe und Entschlusslosigkeit, mit Konzentrationsschwäche, Interessensverlust und Freudlosigkeit, Versagens- und Insuffizienzgefühlen, mit abnehmenden Willenskräften und zunehmender Antriebslosigkeit, mit Schlafstörungen und ausgeprägtem Erschöpfungsgefühl.

Eine exemplarische Krankengeschichte

Ein 56-jähriger Lehrer wird von seiner Tochter in einem schwer depressiven Zustand zur stationären Aufnahme in die Klinik gebracht, nachdem er mehrere Nächte hintereinander in starker Verzweiflung sein Haus verlassen hatte und ziellos umhergeirrt war. Bei der stationären Aufnahme klagte der Patient über eine ihn sehr belastende innere Unruhe, schwere Durchschlafstörungen, einen gravierenden Leistungsabfall bei seiner Unterrichts- und Verwaltungstätigkeit in der Schule; weiterhin beklagte er eine große Willensschwäche mit Antriebslosigkeit und Entscheidungsunfähigkeit sowie nächtlich wiederkehrende starke Verzweiflungszustände mit zum Teil lebensmüden Gedanken. Eine existenzielle Angst und Not trieb ihn um, er könne seinem geliebten Beruf und seinen vielfältigen Aufgaben und Verpflichtungen nicht mehr nachkommen. Ausgelöst schien ihm selbst dieser schwere depressive Einbruch durch eine Konfliktsituation im Kollegium seiner Schule mit einem Kollegen, den er selbst eingestellt hatte. Diese Konfliktsituation, die sich über längere Zeit innerhalb des Kollegiums hingezogen hatte, schließlich eskaliert war und vor kurzer Zeit durch eine Kündigung beendet worden war, belastete ihn emotional und machte ihm Schuld- und Versagensgefühle. Wegen seines großen Harmoniebedürfnisses litt er selbst, wie es sich in den Gesprächen heraus stellte, unter dieser Situation viel mehr als andere Kollegen innerhalb des Schulkollegiums.

Vorausgegangen waren, während der eigentlichen Spannungs- und Konfliktzeit verschiedene und wechselnde körperliche Beschwerden, Störungen seines Appetits, insbesondere der Verdauung und sich daran anschließende hypochondrische Ängste und Befürchtungen bezüglich einer bösartigen Darmerkrankung.

In der biographischen Anamnese und in der Reflexion seiner Persönlichkeitsstruktur war ein engagierter, übergewissenhafter, ehrgeiziger und perfektionistischer, harmoniebedürftiger Mensch erlebbar, mit einer hohen Anspruchshaltung an sich selbst, mit einem ausgeprägten Mangel an Delegationsfähigkeit und mit einer Unfähigkeit Gefühle und emotionale Belastungen auszusprechen. Infolgedessen hatte er sich während seiner schulischen Tätigkeit und seiner Karriere bis zum Schulleiter nie geschont, und sein melancholisches Temperament immer mit Fröhlichkeit und Führungsstärke überspielt. Als sich in seinem Privatleben ein unausgesprochener schwelender Konflikt einstellte, reichten seine seelischen Kräfte nicht mehr aus. Es entwickelte sich eine Phase der Überempfindlichkeit und Reizbarkeit, der seelischen Unausgeglichenheit und zunehmenden Ermüdbarkeit. Damit hatte, lange es bevor es zu der Schulkonfliktsituation gekommen war, bereits die erste Phase seiner Erschöpfungsdepression begonnen. Die belastende Konfliktsituation in der Schule markierte dann die Phase der psychosomatischen Beschwerden und führte schließlich als Auslöser in die eigentliche depressive Phase die sich dann sehr schnell und sehr heftig entwickelte, sodass innerhalb relativ kurzer Zeit eine stationäre Behandlung notwendig geworden war.

5.1.4 Das Burnout-Syndrom

Was ist Burnout ?

Nicht jede Erschöpfung ist ein Burnout-Syndrom. Wie gezeigt, lassen sich vier verschiedene Erschöpfungen unterscheiden:

Die akute Erschöpfung als seine gesunde Reaktion zum Schutz des Organismus unmittelbar nach einer besonderen körperlichen Belastung.

Die chronische Erschöpfung als konstutionstypische Reaktion des Organismus auf den allgemeinen Stress des Lebens in unserer Zeit der Entgrenzung von Raum, Zeit, Geschwindigkeit, Erreichbarkeit und Informationsvermittlung. Es ist die Erschöpfung der Vitalität, der Lebenskräfte.

Die Erschöpfungsdepression ist eine seelisch-emotionale Erschöpfung nach einer besonderen, lang anhaltenden psychischen Belastung; die Kräfte der Seele ziehen sich zurück, lassen Leib, Leben und Seele schwer werden mit körperlichen, vegetativen und seelischen Beschwerden.

Das Burnout-Syndrom ist primär eine emotionale und mentale Erschöpfung, mit dem auffallenden Symptom eines Verlustes von Idealismus und Begeisterung, mit Depersonalisation (Fremdheitsgefühl sich selbst gegenüber), Leistungsunzufriedenheit und Zynismus bis hin zu einer schweren Depression. Es ist die Erschöpfung des Ich, aus nicht bewältigter Enttäuschung. Es ist ein Rückzug des Ich in Resignation und Zweifeln, bis zur existenziellen Verzweiflung.

Das Burnout-Syndrom[21] ist die *modernste* Diagnose im Rahmen der Erschöpfungskrankheiten. Der Begriff wurde von dem in den USA lebenden Psychoanalytiker Herbert Freudenberger 1974 geprägt und beschrieben als ein *Zustand körperlicher, emotionaler und geistiger Erschöpfung.*[22] Zunächst wurde dieses Erschöpfungssyndrom vor allem bei Menschen beobachtet, die sich durch ihre berufliche Tätigkeit im Rahmen helfender (sozialer und therapeutischer) Berufe überfordert hatten und den Belastungen nicht mehr standhalten konnten. Sie hatten ihren Idealismus, mit dem sie ihren Beruf begonnen hatten, verloren. Dabei haben Freudenberger und auch nachfolgende Autoren[23] dieses neuen Erschöpfungssyndroms besondere Merkmale und einen typischen Verlauf in verschiedenen Phasen beobachtet und beschrieben. Inzwischen kommt Burnout in allen Berufen vor. Am Ende ist Burnout ein Zustand des Ausgebrannt-Seins, der inneren Erschöpfung, des Nicht-mehr-Könnens, es wird auch als *Infarkt der Seele* bezeichnet.

- Burnout ist ein Prozess des langsamen Ausbrennens
- Burnout ist am Ende ein Zustand des Ausgebrannt-Seins – im Sinne einer körperlichen, seelischen und geistigen Erschöpfung
- Burnout ist ICH-Erschöpfung
- Burnout ist ein Signal für:

- Zu wenig Anerkennung bei hoher Leistung
- Zu wenig Mitgestaltungsmöglichkeit bei hohem Anspruch
- Zu wenig Erholung bei starkem Engagement

Burnout ist ein Zeichen von:
- Zu viel Zweckerfüllung bei zu wenig Sinnerleben
- Zu viel Pflichterfüllung bei zu wenig Ausgleich
- Zu viel Leistungsorientierung bei zu wenig Muße

Burnout ist ein Leiden an:
- Einem Mangel an Regeneration und Rhythmus
- Einem Mangel an Selbstgestaltung und Sinn-Erfüllung
- Einem Mangel an Lebensfreude und ideellen Werten

Woher kommt Burnout?

Burnout tritt in Zusammenhang mit chronisch erlebtem Stress auf. Burnout kommt aber nicht vom Stress allein. Es ist die Folge eines Verlustes von Idealismus und Begeisterung, von Sinnhaftigkeit und Überzeugung, von eigenen Werten und Motivation, von Lebenszielen und der Freude an den kleinen Dingen des Lebens, von Erholungsfähigkeit und Selbstfürsorge. Wie kann das verloren gehen, wenn es der Burnout-Betroffene einmal hatte? Und jeder Burnout-Betroffene hatte diese Eigenschaften und Fähigkeiten in genügendem, oft reichlichem Maß. Es kann verloren gehen durch einseitige und übersteigerte Erwartungen, von außen wie auch von innen, denen der Betroffene zu wenig entgegen setzt, zu sehr nachgibt; es kann verloren gehen durch ein zu starkes Bedürfnis nach Anerkennung von anderen, das man durch Leistung und Überengagement erreichen zu können glaubt; es kann verloren gehen durch eine Bereitschaft zur Überidentifikation mit Aufgaben- und Zweck-Erfüllung im Berufsleben. Dazu kann einerseits der Druck im Berufsleben und in unserer Gesellschaft führen, andererseits ein innerlich schwaches, unsicheres Selbstwertgefühl, sodass der Betreffende dem äußeren und inneren Druck, den (überzogenen) Erwartungen (sowohl den eigenen wie denen von anderen), und der zunehmenden Sinnleere zu wenig entgegen setzen kann. So beginnt ein Leiden am Sinnverlust trotz hoher Leistungen, ein Leiden am Erfolg bei mangelnder Anerkennung, ein Leiden an innerer Erschöpfung aus Überengagement ohne Überzeugung.

Wie beginnt Burnout?
Burnout beginnt immer gut! Denn es beginnt mit Idealismus und Begeisterung, mit *Feuer und Flamme,* mit großem Engagement und freiwilliger Mehrarbeit. Wer ausgebrannt ist, muss einmal gebrannt haben, muss einmal entflammt gewesen sein, der hat sich einmal, meist zu Beginn seines Berufslebens, oder mit Antritt einer neuen Stelle, mit Übernahme einer neuen Verantwortung, eines neuen Projekts, ganz und mit voller Kraft in die Erfüllung seiner Aufgaben und Pflichten gestürzt.

Ein Mensch sagt, und ist stolz darauf,
Er geh' in seinen Pflichten auf.
Bald aber, nicht mehr ganz so munter,
Geht er in seinen Pflichten unter.

So hat es, bereits in den 50er Jahren des vorigen Jahrhunderts, Eugen Roth treffend formuliert.

Burnout ist als ein Prozess, als eine lange Geschichte zu verstehen, die man am besten vom Anfang her erkennen kann. Da bietet sich auch schon die erste und beste Möglichkeit, als Kollege, Vorgesetzter oder Partner/in den *Burnout-Kandidaten* freundlich aufmerksam zu machen, dass er nicht nur wegen seiner Leistungen und Mehrarbeit anerkannt und geliebt wird, sondern als Mensch, so wie er/sie ist.

Und dass zu einem glücklichen Leben mehr gehört als nur der Beruf, nämlich auch ein Privatleben, Beziehungen, eine sinnvolle Freizeitgestaltung und innere Werte. Schließlich sind gute Leistungen und Erfolg im Beruf nachhaltig nur zu erreichen und zu halten, wenn man sich nicht schon am Anfang übernimmt und verausgabt, sondern realistisch und ehrlich auf seine Fähigkeiten, Möglichkeiten und Grenzen achtet; seine Bedürfnisse und privaten Beziehungen nicht übergeht und den Sinn des ganzen nicht aus den Augen verliert.

Wie verläuft Burnout?

Burnout verläuft in charakteristischen Phasen, die jeweils typisch und meist gut zu erkennen sind, wenn man weiß, worauf man achten muss. Deshalb beschreibe ich die einzelnen Phasen, wie sie M. Burisch[24] zusammengefasst hat und ich sie in meiner therapeutischen Arbeit mit Burnout-Patienten erlebt habe.

■□□□□□ Begeisterung und Überengagement

Der Anfang einer Burnout Entwicklung ist durchaus positiv und gibt noch keinen Anlass zu klagen. Die Burnout-Kandidaten sind in ihrem Beruf engagiert, ja überengagiert, setzten sich voll ein, identifizieren sich allerdings zu sehr mit ihren Aufgaben, haben Ideen, die sie umsetzten, übernehmen freiwillig Mehrarbeit und lassen sich mit zusätzlichen Aufgaben eindecken, weil sie nicht nein sagen können. Sie entwickeln bald das subjektive Gefühl, unentbehrlich zu sein. Dann leiden sie unter Zeitmangel und Termindruck und verleugnen ihre eigenen Bedürfnisse. Sie arbeiten auch an Wochenenden, opfern ihre Freizeit und vernachlässigen, Partner, Familie, Freunde. Die sozialen Kontakte engen sich immer ein, bis es nur noch Arbeitskollegen und die engste Familie gibt. Freie Tage oder Ferien bieten keine Erholung mehr, weil sich die Burnout-Betroffenen gar nicht mehr erholen können.

Reduziertes Engagement und Enttäuschung

Jetzt kommt es zu Misserfolgen und Enttäuschungen bei der Arbeit. Es entwickeln sich Überdruss und Unzufriedenheit. Das Überengagement der Anfangsphase wandelt sich in Verdruss, in reduziertes Engagement und in den Verlust der anfänglich hell brennenden Begeisterung. Verlust von Empathie und Anteilnahme kann sich entwickeln; Zynismus kann sich einstellen.

Emotionale Reaktionen und Resignation

Schließlich entwickeln sich Symptome die an Überforderung und beginnende Erschöpfung denken lassen: Unzufriedenheit, Nervosität und Reizbarkeit. Die Betroffenen werden je nach Temperament und

Persönlichkeit aggressiv und ungeduldig, oder resigniert und deprimiert. Sie entwickeln Schuldgefühle oder sie begegnen anderen mit Schuldzuweisungen. Sie haben das Gefühl ausgebeutet zu werden. Ihre Gefühle stumpfen immer mehr ab; es kommt vermehrt zu Konflikten am Arbeitsplatz.

■■■■□□□ Abbau und Erschöpfung

Die kognitiven Leistungen lassen nach, es entwickelt sich langsam eine Entscheidungsunfähigkeit. Die Motivation schwindet, die Leistungsfähigkeit wird spürbar geringer und Kreativität und Produktivität lassen stark nach. Langsam verlieren die Betroffenen die Fähigkeit zu differenzieren, sodass sich ein rigides Schwarz-Weiß-Denken einstellt. Die Betroffenen entwickeln Widerstand gegen alle Veränderungen.

■■■■■□□ Rückzug | Verflachung und Einengung

Im weiteren Verlauf zeigen sich Verflachung und Einengung des emotionalen und des geistigen Lebens wie auch der sozialen Kontakte. Die Gefühle werden oberflächlicher, es entwickeln sich Desinteresse, Gleichgültigkeit und Langeweile; Hobbys und Freizeitgestaltung finden nicht mehr statt; die früheren Interessen gehen verloren und soziale Beziehungen werden nicht mehr gepflegt.

Somatisierung | Psychosomatische Reaktionen

Im Laufe der Zeit kommt es bei den Betroffenen zu deutlichen psychosomatischen Reaktionen: Es treten Appetit- und Schlafstörungen auf, Alpträume, vegetative Beschwerden und verschiedene Schmerzzustände, häufig Kopf- und Rückenschmerzen; des weiteren Verdauungsstörungen, sexuelle Störungen und die Neigung zuviel Kaffee, Nikotin, Alkohol und unter Umständen auch andere Drogen und Medikamente zu sich zu nehmen, um sich zu beruhigen, abzulenken oder aufzuputschen. Nervöse Tics können auftreten, veränderte Essgewohnheiten; erhöhter Blutdruck, Herzprobleme oder organische Erkrankungen. In dieser Phase werden den Beschwerden entsprechend Ärzte aufgesucht. Findet nur eine medikamentöse Behandlung statt, ohne Berücksichtigung der Entstehungsgeschichte im Rahmen der Burnout-Entwicklung, so ist die Gefahr groß, dass der Burnout-Prozess weiter geht.

Verzweiflung und Depression | Ausgebrannt

Wenn in den vorherigen Phasen, die jeweils Monate oder Jahre andauern können, kein Aufwachen und kein Umschwenken stattgefunden hat, wenn die Betroffenen nicht von Partnern oder Kollegen, von Vorgesetzten oder Ärzten auf die Möglichkeit einer riskanten Burnout-Entwicklung aufmerksam gemacht wurden, so ist die Entwicklung der letzten Phase fast unausweichlich: Aus der negativen Einstellung zum Beruf, die sich bereits in der zweiten Phase angedeutet hatte, wird nun eine negative Einstellung dem gesamten Leben gegenüber. Die Betroffenen erleben eine Ausweglosigkeit und eine Hoffnungslosigkeit in ihrer grenzenlosen Erschöpfung. Die Flamme der Begeisterung aus der Anfangsphase ist vollkommen erloschen. Die Quelle von Motivation und Kreativität ist versiegt. Die Kraft ist verbraucht. Die Vitalität ist am Nullpunkt angelangt. Das Ich ist sich selber fremd geworden, es findet sich nicht mehr in der eigenen Lebensgeschichte zurecht, es hat Ziele, Werte und den Sinn verloren. Existenzielle Ängste und schwere Depressionen, ein abgrundtiefes Gefühl der Sinnlosigkeit, eine existenzielle Verzweiflung bis hin zur Lebensmüdigkeit, die zu suizidalen Handlungen führen kann, bilden den Endzustand des Ausgebrannt-Seins. Burnout. Es ist das Vollbild einer schweren Depression, die eine stationäre Behandlung erfordert.

Was begünstigt Burnout? | Wer ist Burnout-Gefährdet? Risikofaktoren:

Es sind verschiedene Faktoren, die eine Burnout-Entwicklung hervorrufen oder begünstigen können. Dabei können wir äußere, innere und spezifische Risikofaktoren unterscheiden.

I. Äussere Faktoren

Die Bedingungen an Arbeitsplatz, Schule, Studium oder Ausbildung;
Im Einzelnen: hohe Arbeitsbelastung, Arbeit unter Zeitdruck, Organisations- oder Verwaltungszwänge, wenig Einfluss auf die eigene Arbeitsorganisation, Probleme am Arbeitsplatz, Konflikte am Arbeitsplatz, mangelnde Unterstützung im Team, mangelnde Unterstützung durch Vorgesetzte, Mobbing, fehlende Möglichkeiten zu Supervision oder Weiterbildung, Erfolglosigkeit bei der Arbeit, unmotivierte Kollegen oder Mitarbeiter, eigene hohe Ansprüche an die Arbeit, Behinderung der Arbeit durch die Institution/ Firma, das Gefühl der Sinnlosigkeit der eigenen Arbeit.

II. Innere Faktoren

Wie gehen wir mit unserem Stress um, zu welchen Stress-Bewältigungstyp gehören wir?
Welche Regenerations- und Erholungsmöglichkeiten haben und nutzen wir?
Welche Werte und Ziele sind uns wichtig?
Welche innere Einstellung zum Leben haben wir?
Was gibt uns Sinn im Leben?
Wie hoch sind unsere eigenen Erwartungen an unsere Leistung und Pflichterfüllung?
Wie stark ist unser Perfektionismus?
Kennen und beachten wir unsere Grenzen?

Können wir Hilfe und Unterstützung annehmen, ohne uns als Versager zu fühlen?
Pflegen wir unsere privaten Beziehungen (Partner/in, Ehe, Familie, Freunde)?
Pflegen wir unsere Interessen, Hobbys in unserer Freizeit?
Haben wir einen Rhythmus und ausreichend Bewegung im Tagesablauf?
Pflegen wir unsere *Erholungsinseln* im Lauf der Woche so gewissenhaft wie unsere anderen Termine?
Nehmen wir unsere eigenen Bedürfnisse wirklich ernst?
Ehrlichen Antworten auf diese Fragen zeigen uns schnell, wo die Risiken liegen und wo wir etwas für unsere eigene Burnout-Prophylaxe tun können.

III. Risikofaktoren

Bei den Risikofaktoren kommen äußere und innere Faktoren zusammen:
Überidentifikation mit Leistung, Beruf, Pflichterfüllung und Zweckorientierung;
Zu viel Engagement in Beruf, Leistung, Erfolg und Karriere setzen, ohne auf genügend Ausgleich und Erholung zu achten;
Neigung zu Perfektionismus und Alles-selbst-Machen-Müssen;
Tendenz zum Einzelkämpfertum; Unfähigkeit zu Delegieren;

Unfähigkeit sich abgrenzen und nein sagen zu können;
Vernachlässigung der eigenen Bedürfnisse, privater Beziehungen, Interessen und Freizeitgestaltung.
Fehlender Rhythmus im Tages- und Wochenablauf;
Zu starkes Bedürfnis nach Anerkennung von anderen;
Schwaches Selbstwertgefühl, das durch besondere Leistungen kompensiert werden soll;
Erfolglosigkeit bei der Arbeit, im Beruf;
Das Gefühl von Sinnlosigkeit.

Den typischen Burnout-Kandidaten kann man als leistungsorientiert, pflichtbewusst, anspruchsvoll, ehrgeizig und perfektionistisch beschreiben. Selbstwertgefühl und Lebenszufriedenheit gewinnen Burnout-Gefährdete überwiegend aus der erbrachten Leistung, dem beruflichen Erfolg und der Anerkennung von anderen. Die Erwartungshaltung an sich selbst heißt: immer gut funktionieren, aktiv, fit, stark und erfolgreich sein; keine Schwächen zeigen oder zulassen. Die innere Einstellung zum Leben heißt überspitzt ausgedrückt: Gefühle sind Zeichen von Schwäche, Ermüdungserscheinungen; was zählt, ist Anerkennung und Erfolg durch Leistung. Zweckorientierung kommt vor Wertorientierung; Beruf vor Familie und Privatleben; Leistung vor Erholung; Gewinn vor Sinn.

Wer ist besonders Burnout-gefährdet?

Menschen

... mit einer (zu) hohen Identifikation mit ihrer Aufgabe/Arbeit
... mit (zu) hohen Erwartungen an sich selbst, die aber doch nie wirklich zufrieden mit sich sind
... die ihr Selbstwertgefühl vorzugsweise aus der beruflichen Leistung/dem Erfolg schöpfen
... die nicht nein sagen können
... mit einer (zu) starken Leistungsorientierung
... mit einer (zu) hohen Arbeitsbelastung
... die unter Zeitdruck arbeiten müssen
... die unter schlechten Arbeitsbedingungen arbeiten müssen (fehlende Unterstützung im Team, von Kollegen oder Vorgesetzten)
... die keine Unterstützung von Partnern oder Freunden bekommen
... die keine sie erfüllenden Freizeitaktivitäten/ Hobbys haben (oder sich keine Zeit mehr dafür nehmen)
... die sich schlecht von den Erwartungen Anderer abgrenzen können
... die den Sinn ihres Lebens nur im Beruf/im Erfolg sehen.

Die Burnout-Erkrankung galt lange Zeit als typische Erkrankung von Angehörigen sogenannter *Helfen-*

der Berufe, wie Ärzte, Therapeuten, Pflegende, Sozialarbeiter, Erzieher und Lehrer. Weil sich Menschen in diesen Berufen mit besonderem Engagement und Idealismus für ihre Schüler, Klienten/Patienten einsetzen und bei ihrer Helfermotivation oft die eigenen Grenzen missachten und übergehen und ihre eigene Selbstfürsorge vernachlässigen. Es entsteht ein Ungleichgewicht zwischen Geben und Nehmen, zwischen Fürsorge für andere und Selbstfürsorge.
Inzwischen hat die Burnout-Entwicklung aber nahezu alle Berufe erreicht, dazu auch Schüler, Auszubildende und Studierende, sowie (in einem weiteren Verständnis von Burnout) auch Arbeitslose und Nicht-Berufstätige, die zweifellos unter starkem Stress stehen können. Burnout wird also – etwas undifferenziert – in allen Berufen und in allen Schichten diagnostiziert.

Zwei exemplarische Krankengeschichten

▌Eine 42-jährige Oberärztin einer Klinik kommt wegen eines ausgeprägten physischen und psychischen Erschöpfungszustandes in die psychosomatische Sprechstunde. Sie wirkt antriebs- und kraftlos, wobei auch eine gewisse verborgene Ungeduld und Aggressivität spürbar ist. Sie klagt über eine nicht enden wollende Müdigkeit und Erschöpfung, über eine zunehmende Schlafstörung, über erhöhten Blutdruck und nachlassende mentale Fähigkeiten. Außerdem sei sie ungeduldig und gereizt, werde zunehmend intoleranter und entwickle eine Abneigung gegen Aufgaben und Verpflichtungen, was sie früher überhaupt nicht von sich gekannt habe. Sie brauche immer mehr Pausen und Zeiten der Erholung, merke aber, dass sie sich gar nicht mehr erholen könne. Das mache sie sehr unglücklich und gereizt.

Sie sei bei ihren Patienten immer sehr beliebt gewesen und habe eine gute Arbeit geleistet, von den Kolleginnen und Kollegen sei sie anerkannt und von den Pflegenden geschätzt worden. Vor einigen Jahren hatte sie mit großer Begeisterung die Oberarztstelle übernommen. Über die ärztlichen Tätigkeiten im engeren Sinne hinaus hatte sie sich in weiteren Bereichen der Klinik engagiert und war auch berufspolitisch tätig. Bei allem was sie tat, hatte sie immer den großen inneren Anspruch an sich, nicht polarisierend sondern ausgleichend zu sein und etwas Positives bewirken zu wollen. Sie hatte ein großes Harmoniebedürfnis und einen perfektionistischen Anspruch an ihre medizinische Arbeit. Aber sowohl im Klinikalltag wie bei ihren berufspolitischen Engagements ließen sich ihre Ansprüche an Harmonie und Perfektionismus nicht so ohne weiteres erfüllen. Sie zeigte noch mehr und mehr Engagement und Bereitschaft sich einzusetzen, auf Kosten ihrer eigenen Bedürfnisse, die sie mehr und mehr vernachlässigte. Der erwünschte Erfolg stellte sich nicht ein, es gab Konkurrenz, Missverständnisse, Ablehnungen und Widerstände, was schließlich zu großer Enttäuschung und Resignation geführt hatte. Meist sah sie die Schuld bei sich selbst, versuchte dann in verzweifelten Anstrengungen doch noch etwas in ihrem Sinne Positives bewirken zu können um dann oft noch mehr enttäuscht zu sein und auch Schuldzuweisungen gegen Andere zu formulieren. In dieser Situation war ihr soziales Leben deutliche eingeengt, sie hatte kaum noch Kontakte mit Menschen außerhalb des Klinikbetriebes. Ein weiterer Rückzug folgte; sie bemerkte ihre nachlassende Leistungsfähigkeit, ihren erhöhten Blutdruck, ihre Schlafstörungen, ihre innere Anspannung und ihre Stimmungsschwankungen. Sie begann, sich Sorgen über ihren Zustand zu machen. Es stellten sich Gedanken an Teilzeitarbeit oder Stellenwechsel ein; es entwickelten sich Zweifel an ihrer Eignung zum ärztlichen Beruf überhaupt und Überlegungen sich eine Auszeit durch unbezahlten Urlaub zu nehmen. Die Überlegungen und Gedanken drehten sich im Kreis, sie konnte sich nicht mehr entscheiden, fühlte sich zunehmend hilflos und ihrer Erschöpfung ausgeliefert. Es begannen depressive Verstimmungen und existenzielle Ängste aufzutreten. In dieser Situation suchte sie sich professionelle Hilfe.

Ein 48-jähriger Ingenieur in einem großen international tätigen Betrieb der Automobil-Branche, sehr dynamisch und erfolgreich, sehr viel mit seinen Projekten auf Reisen bei Kunden in China oder Südamerika, arbeitet sehr viel und sehr gern, der Erfolg tut ihm gut. Seine Arbeit kostet ihn viel Zeit und Kraft. Für seine Familie, Frau und drei Kinder, hat er keine Zeit; die Kindererziehung überlässt er ganz seiner halbtags berufstätigen Frau. Aufgrund seiner sehr guten Arbeitsleistung bekommt er die wichtigsten Projekte und die größten Aufträge; er ist seit vielen Jahren in der Firma und hat sich zu einem der wichtigsten Abteilungsleiter hochgearbeitet. Sein Verdienst ist sehr gut, mit steigenden Bonuszahlungen jedes Jahr. Er lebt mit seinem ganzen Einsatz für die von ihm geleiteten Projekte. Er kennt kaum noch etwas anderes als seine Arbeit, die ihm sein gutes Selbstwertgefühl gibt. Als einmal bei einer Sitzung der Vorstand der Firma ihn wegen einer Kleinigkeit kritisiert, verliert er schlagartig sein Selbstvertrauen. Er hat das Gefühl, als ziehe es ihm den Boden unter den Füßen weg. Er verlässt den Sitzungsraum, geht nach draußen und hat das Gefühl ohnmächtig zu werden. Von diesem Tag an treibt ihn eine unerklärliche Angst um. Angst und Unruhe überfallen ihn, wenn er sich auf den Weg zur Arbeit macht und je näher er der Firma kommt, desto heftiger werden die Angstsymptome. Wenn er auf Reisen in China oder sonst wo ist, hat er keine Angst, keine Beschwerden; nur am Firmensitz zuhause. Diese Ängste ziehen sich lange hin, werden immer akuter, wenn eine neue Begegnung mit dem Vorstand auf ihn zu kommt.

Schließlich hält er die Angst, über die er mit niemandem gesprochen hat, weil er sich nicht blamieren wollte, nicht mehr aus; er kommt zu dem Schluss, dass er im Grunde sein ganzes Leben versagt habe, dass er nichts mehr leisten könne, weil die Angst ihn lähme. Er beschließt, dass es besser wäre, wenn er dem ganzen ein Ende setzen würde, wenn er sich das Leben nähme. Er hatte sich die Bahngleise in der Nähe der Firma schon ausgesucht. Nach seinem Entschluss spricht er mit seiner Frau darüber – und dies ist seine Rettung. Seine Frau beruhigt ihn und rät ihm, einen Arzt auf zu suchen. Da er einige Zeit vorher einen Vortrag über Burnout von mir gehört hatte, und damals dachte, so weit komme es bei ihm nicht, kommt er jetzt in meine Sprechstunde. Er ist tief verzweifelt und lebensmüde und traut sich selbst nichts mehr zu. Er kommt in stationäre psychosomatische Behandlung; wir bearbeiten seine Arbeits- und Lebenssituation und ich gebe ihm vier Fragen über die er nachdenken soll: Wie wichtig ist ihm sein Beruf und seine Karriere; wie wichtig ist ihm die Anerkennung der anderen; wie wichtig sind ihm private, familiäre Beziehungen; wie wichtig sind ihm seine persönlichen Werte, Fähigkeiten, Bedürfnisse und Ziele im Leben?

Er war sehr betroffen von diesen Fragen und bemerkte seine krasse Einseitigkeit in seiner Lebensorientierung: beruflicher Erfolg und Anerkennung waren ihm das wichtigste; die Pflege privater Beziehungen und die Erziehung der Kinder hatte er ganz seiner Frau überlassen, und seine persönlichen Werte, Ziele und Bedürfnisse hatte er verdrängt und ignoriert. Durch die stationäre Therapie kam er zu der Überzeugung, dass er in seinem Leben etwas ändern wolle. Er entdeckt alte, vergessene und neue Werte und Ziele für sein Leben. Geld und beruflicher Erfolg hatten nicht mehr erste Priorität für ihn. Er orientierte sich neu. Er traute sich zu, seine berufliche Tätigkeit wieder voll und ganz auszuüben, bei weiterhin guter Leistung, aber mit einer neuen inneren Einstellung: der Beruf sei nicht mehr die einzige Quelle seines Selbstwertgefühls und seiner Lebenszufriedenheit. Er war bereit, sich in seinem Leben neu zu orientieren.

Zur Persönlichkeit des Burnout-Betroffenen

Die Diagnose eines Burnout-Syndroms kann einerseits aus dem typischen phasenhaften Verlauf abgeleitet werden, wobei die Anfangsphase mit Begeisterung, Überidentifikation und Überengagement nicht fehlen darf; andererseits darf für eine sichere Diagnose die Erkenntnis der Persönlichkeitsstruktur der Betroffenen nicht fehlen. Denn hier zeigen sich charakteristische Eigenschaften, die wir in dieser Weise bei den Persönlichkeiten die an einem Chronischen Müdigkeitssyndrom erkranken nicht, und bei den Persönlichkeiten, die an einer Erschöpfungsdepression leiden nur zum Teil wiederfinden.

Menschen, die zur Entwicklung eines Burnout-Syndroms neigen weisen einige sehr positive Voraussetzungen für eine erfolgreiche Karriere im Berufsleben auf. Sie zeigen Begeisterung und Initiative, Einsatz und Engagement, Aufopferungsbereitschaft und Leistungsorientierung. Diese Eigenschaften schließen

aber Risiken und Gefahren ein. Denn nicht selten zählen für diese Menschen die Arbeit und der Erfolg, die Leistung und die Zufriedenheit der anderen mehr als die eigenen Bedürfnisse und die Pflege zwischenmenschlicher Beziehungen, Zweckorientierung mehr als Sinnorientierung. Das Selbstwertgefühl orientiert sich bei ihnen zu einseitig am Beruf, an der Leistung und an der Anerkennung die sie dadurch von anderen bekommen. Eigene Ressourcen für ein gesundes Selbstwerterleben und für ein über den Beruf hinaus erfüllendes Leben werden vernachlässigt.
Solche Persönlichkeitsmerkmale können Folge einer Prägung durch leistungsorientierte Vorbilder sein. Schließlich wird Leistungsorientierung in unserer Gesellschaft hoch geschätzt und mit Anerkennung belohnt. Leistung ist ja auch nichts Schlechtes – und gute Leistungen zu erbringen ist ein lohnendes Ziel. Die Risiken und Gefahren liegen dabei nicht in den guten Leistungen, sondern in der Einseitigkeit und Ausschließlichkeit dies zur einzigen Lebensorientierung und zum einzigen Quell des Selbstwertgefühls zu machen.

Eine einseitige Lebensorientierung an äußeren Werten und Zweckgebundenheit führt nicht selten zu einer Sinnleere im Leben. Deshalb suchen Burnout-Gefährdete beides, Sinn und Selbstwert kompensatorisch in einer Überidentifikation mit Leistung und Erfolg im Beruf. Die aufgrund der beruflichen Leistung errungene Anerkennung ist aber flüchtig und bewirkt keinen nachhaltigen Lebenssinn. Dauernde Anstrengung ohne Sinnerfüllung führt zu Entfremdung, zu Erschöpfung und Erholungsunfähigkeit, vor allem dann, wenn die zweckgebundene Leistungsorientierung keinen Ausgleich findet.

Die besondere Gefährdung für eine Burnout-Entwicklung kann also in einem labilen Selbstwertgefühl, in einem kompensatorischen Überengagement im Beruf, in einer Überidentifikation mit beruflicher Leistung und Erfolg, in einer entsprechend überbetonten Leistungsorientierung, in einem Mangel an Abgrenzungsfähigkeit, in einer Sehnsucht nach Anerkennung und Zuwendung und in der Unfähigkeit, nein sagen zu können beschrieben werden. Die Gefährdung kann dann manifest werden, wenn die Arbeitsverhältnisse zusätzlich ungünstig sind.

Schließlich kann festgestellt werden, dass auf dem Wege einer Burnout-Manifestation die individuellen Möglichkeiten und Ressourcen der Resilienz und der Salutogenese nicht genügend zur Verfügung stehen.

Kapitel_6

Was kann vor Burnout schützen? Prävention und Therapie

6.1 Betriebliche Möglichkeiten der Burnout-Prävention

Welche Maßnahmen können von betrieblicher Seite aus MitarbeiterInnen vor Burnout schützen?
Im Falle einer Burnout-Entwicklung am Arbeitsplatz ist ein dreifaches Missverhältnis entstanden: zum einen zwischen dem Arbeitseinsatz eines Mitarbeiters/einer Mitarbeiterin und der Anerkennung die er/sie dafür erhalten; zum anderen zwischen dem Engagement für die Arbeit und den eigenen Erholungs-

möglichkeiten; zum dritten zwischen dem Zweck der Arbeit und dem Sinn der Arbeit und des Lebens. Es sind Missverhältnisse zwischen Erwartung und Wirklichkeit; zwischen Mensch und Arbeitswelt. An diesen Missverhältnissen kann von beiden Seiten gearbeitet werden; von betrieblicher wie von persönlicher Seite, um die Verhältnisse zu verbessern und damit Burnout vorzubeugen.[25] Es ist notwendig, über diese Missverhältnisse offen zu sprechen; es ist wichtig, sich über die eigenen Erwartungen klar zu werden; es ist hilfreich, innezuhalten und sich auf den Sinn der Arbeit und des eigenen Lebens zu besinnen.

Burnout wird als eine mit Stress verbundene existenzielle Krise erlebt, in deren Zusammenhang die Arbeit nicht mehr als sinnvoll und befriedigend empfunden wird und Aufgaben, Probleme, Belastungen nicht mehr als lohnende Herausforderung, sondern als Überforderung erlebt werden. Die Ursachen können sowohl in tatsächlicher Überforderung liegen (Arbeitsbelastung, Zeitdruck, Organisationsmängel, mangelnde Unterstützung), wie auch in Unterforderung oder in persönlichen Problemen der Lebensführung, der Lebenseinstellung, der Lebenssinnsuche und des Selbstwertgefühls. Insofern sind mögliche präventive Maßnahmen von betrieblicher Seite, von Vorgesetzten und Kollegen, wie von persönlicher Seite zu unterscheiden und zu berücksichtigen.

Was kann konkret von betrieblicher Seite getan werden, um Burnout vorzubeugen?

Es beginnt beim Klima, bei der Stimmung am Arbeitsplatz, im Betrieb, im Team, im ganzen Unternehmen. Herrscht ein freundlicher und anerkennender Umgangston, ist Wertschätzung zu spüren, ist Mitdenken gefragt, kann man sich als Mitarbeiter/in einbringen mit eigenen Ideen zur Verbesserung von Abläufen, ist die Kultur des Unternehmens so, dass man sich gerne damit identifizieren möchte? Ist eine solche Identifizierung vom Unternehmen gewünscht? Was tut das Unternehmen dafür? Gibt es beispielsweise Mitarbeiter-Versammlungen, Informationsveranstaltungen mit der Möglichkeit zu Fragen und Vorschlägen, eine Mitarbeiterzeitung oder ähnliches, gemeinsame Feste, Unternehmungen, kulturelle Veranstaltungen im Betrieb oder Angebote für gemeinsame kulturelle oder sportliche Veranstaltungen außerhalb, gibt es Betriebsausflüge, sportliche Angebote, Weiterbildungsangebote, Beratung oder Supervision für Mitarbeiter/innen. Gibt es eine Kultur der Begegnung und des Interesses am Mitmenschen, oder zählt nur die Arbeitsleistung und der Gewinn des Unternehmens? Ist das Arbeitsklima so, dass man sich auch mal trauen kann, *nein* zu sagen? Oder herrscht ein Klima der Angst vor Repressalien oder der Angst vor Arbeitsplatzverlust?

Angst, mangelnde Unterstützung durch Kollegen oder Vorgesetzte, Konflikte am Arbeitsplatz und Mobbing gehören zu den starken Risikofaktoren für eine Burnout-Entwicklung, neben zu hohen Arbeitsanforderungen, zu hohem Zeitdruck und fehlender Anerkennung, Erfolglosigkeit bei der Arbeit, unmotivierte Kollegen, Behinderungen der Arbeit durch Verwaltungszwänge und wenig Einfluss auf die eigene Arbeitsorganisation.
Insbesondere die Frage der Anerkennung ist für die seelische Gesundheit am Arbeitsplatz entscheidend. Wir sprechen deshalb heute von der *Gratifikationskrise,* die zu Burnout führen kann. Dabei stehen sich ein hoher Anspruch an die eigene Arbeit, hohe Arbeitsmotivation- und Leistung auf Seiten des Mitarbeiters/der Mitarbeiterin einer geringen Anerkennung, emotional und finanziell auf Seiten der Vorgesetzten, des Unternehmens gegenüber. Eine solche Diskrepanz, eine derartige unangemessene *Gegenleistung* von Seiten des Unternehmens, der Vorgesetzten, wenn insbesondere eine emotionale Anerkennung fehlt, das kränkt den/die tüchtigen Mitarbeiter/innen. Dabei zeigen entsprechende Befragungen, dass eine emotionale Anerkennung als noch wichtiger erlebt wird, als die finanzielle Anerkennung. Menschen die gern arbeiten, sind bereit auf eine gewisse Einbuße ihres Gehalts zu verzichten, wenn das Arbeitsklima, die emotionale Anerkennung

stimmen. Das Erleben einer persönlichen *Gratifikationskrise* wird als ein wesentlicher Risikofaktor einer Burnout-Entwicklung angesehen. Hier sind Führungskräfte, Personalleitungen und Unternehmensleitungen gefordert, ihren MitarbeiterInnen mehr Aufmerksamkeit und Anerkennung zu geben. Dies kann in Mitarbeitergesprächen geschehen, aber auch in lobenden, anerkennenden Worten zwischendurch, bei konkreten Anlässen, oder auch einfach mal so. Anerkennung wird aber auch erlebt durch betriebliche Angebote zu besonderen Veranstaltungen oder Unternehmungen kultureller, gesellschaftlicher oder sportlicher Art.

Den genannten betrieblichen Belastungs- und Risikofaktoren für eine Burnout-Entwicklung kann durch geeignete Angebote, Veränderungen im Führungsstil und Verbesserung des Klimas am Arbeitsplatz und der Unternehmenskultur positiv entgegengewirkt werden. Damit kann von betrieblicher Seite viel für die seelische Gesundheit und damit auch konkret für eine Burnout-Prävention getan werden.
In einem Satz zusammengefasst lässt sich sagen: mehr Menschlichkeit im Arbeitsleben ist eine sichere und gute Burnout-Prävention.

Im Einzelnen heißt das:

- Unterstützung von Kollegen im Team, am Arbeitsplatz
- Unterstützung von Vorgesetzten
- Wertschätzung durch Kollegen und Vorgesetze; wesentlich ist dabei, nicht nur Wertschätzung der Arbeit und Leistung sondern auch und gerade Wertschätzung der Person deutlich werden zu lassen
- Weiterbildungsangebote, Informationsangebote zu Gesundheitsthemen und Angebote von Supervision
- Präventionsangebote in Betrieben wie z.B. Sport, Gymnastik, Meditationen, Entspannungsmöglichkeiten, Künstlerische Kurse, Eurythmie, Anregungen für Hobbys, kulturelle Angebote
- Für ein angenehmes Betriebsklima sorgen, insbesondere für eine Atmosphäre am Arbeitsplatz, in der es erlaubt ist, dass man Veränderungs- oder Verbesserungsvorschläge einbringen kann, dass man nach Arbeitszusammenhängen fragen kann
- Mitgestaltungsmöglichkeit bei Arbeitsabläufen oder Entscheidungsprozessen ermöglichen
- Hilfe und Unterstützung anbieten, ohne dass

sich die Mitarbeiter/Innen dabei als Versager fühlen

- dass der einzelne Mitarbeiter einen Sinn in seiner Arbeit erkennen kann
- und: dass man auch einmal *nein* sagen darf.

6.2 Persönliche Möglichkeiten der Burnout-Prävention

Welche persönlichen Initiativen kann man zur Verhütung oder zur Vermeidung einer Burnout-Entwicklung ergreifen?
Wenn Burnout als eine mit Stress zusammenhängende existenzielle Krise erlebt wird, so kann es bei der Burnout-Prävention trotzdem nicht in erster Linie um eine Vermeidung von Stress selber gehen; denn Stress gehört zu unserem Leben. Stress ist außerdem kein objektiver Tatbestand, der von außen auf uns kommt, sondern jeweils eine individuelle seelische und körperliche Reaktion auf eine als Belastung empfundene Situation. Was wir als Belastung empfinden und wie wir mit einer Belastung umgehen, ist offensichtlich sehr individuell verschieden. Um die kränkende Folge eines Stress-Erlebens, wie beispielsweise Burnout, zu vermeiden, ist also die Frage entscheidend, welche Bewältigungs-

möglichkeiten wir zur Verfügung haben, um mit dem Stress angemessen umzugehen, um eine Belastung, einen Konflikt oder ein Problem als Herausforderung der eigenen Fähigkeiten annehmen und positiv bewältigen zu können. Diese Fähigkeit hängt von mehreren Faktoren ab, nicht zuletzt von der eigenen Haltung der Arbeit, dem Leben, den Werten und dem Sinn des Lebens gegenüber. Die eigene innere Haltung ist uns oft unbewusst, wenn wir sie nicht gelegentlich reflektieren, uns gelegentlich einige Fragen stellen.

Es sind im Zusammenhang mit dem Arbeitsleben und Burnout insbesondere vier Fragen, die man sich in seinem Leben immer einmal wieder stellen sollte und auf die man insbesondere in einer Belastungs-, Stress- oder Konfliktsituation eine Antwort suchen sollte.

Diese Fragen sind:

1. Wie wichtig sind mir:
Meine berufliche Leistung, mein Erfolg, meine Karriere, finanzielle und materielle Güter?

2. Wie wichtig ist mir:
Die Anerkennung von anderen?

3. Wie wichtig sind mir:
Meine persönlichen, privaten Beziehungen, Partnerschaft, Ehe und Familie?

4. Wie wichtig sind mir:
Meine eigenen Bedürfnisse, Fähigkeiten, Werte, Überzeugungen und Ziele im Leben, der Sinn in meinem Leben?

Gibt es Einseitigkeiten, eindeutige Bevorzugungen in der Wertigkeit einer der Fragen in meinem bisherigen Leben? Habe ich bestimmte Bereiche vernachlässigt? Weiß ich, warum ich das tue? Kann ich die Vernachlässigung eines Bereiches zeitlich begrenzen? Ist es denkbar, dass ein Ausgleich mir gut tun würde, mein Leben vielleicht glücklicher und sinnvoller werden könnte?
Diese Fragen kann man durchaus mit sich alleine bearbeiten, Ehrlichkeit zu sich selbst vorausgesetzt. Wenn man das nicht will, so können diese Fragen mit Partner/Partnerin, einem guten Freund, oder mit einem professionellen Coach oder Psychotherapeuten bearbeitet werden.

Eine ehrliche Analyse unserer inneren Haltung und Einstellung diesen Fragen gegenüber und unseres Umgangs mit den genannten Bereichen ist ein wichtiger Schritt zur Bewältigung von Stress- oder Konfliktsituationen – allerdings nur dann, wenn wir den Antworten, sofern sich dabei Einseitigkeiten zeigen, auch Konsequenzen folgen lassen.

Es wird immer wieder von der *Work-Life-Balance* gesprochen, aber dieses Schlagwort greift etwas zu kurz; für ein seelisch stabiles, zufriedenes und erfolgreiches (Berufs-)Leben geht es um die vier Bereiche:

Anerkennung – Beziehungen – Leistung – Lebenssinn

Anerkennung von anderen ist für uns alle wichtig, aber wir sollten dabei unsere Selbstanerkennung nicht vergessen. Selbstachtung, Selbstanerkennung dürfen wir uns schenken aus dem Bewusstsein, dass es für uns innere Werte, Überzeugungen und Ziele gibt, die uns im Leben tragen, für die wir uns einsetzen, denen wir treu sind. Das kann uns ein gutes Gefühl geben, gerade wenn uns einmal die Anerkennung von anderen nicht so gegeben wird, wie wir es erwartet hatten. Anerkennung gebührt jedem Menschen, nicht nur wegen besonderer Leistungen, sondern einfach, weil er ein Mensch ist. Natürlich kann sich die Anerkennung aus besonderen Gründen erhöhen oder abschwächen; und es ist menschlich, sich um eine möglichst gute Anerkennung zu

bemühen; deshalb ist es auch notwendig, Anerkennung zu geben und eventuell zu differenzieren zwischen einer Anerkennung für eine Leistung und der Anerkennung einfach als liebenswerter Mitmensch.
Beziehungen sind ein wesentliches Element unseres Lebens; es ist wichtig sie zu pflegen, sie zu achten und sich für gute Beziehungen zu engagieren. Dabei sollen Beziehungen immer zweckfrei sein; wir dürfen unsere Mitmenschen nicht zu einem bestimmten Zweck instrumentalisieren; das wäre entwürdigend. Beziehungen sind zweckfrei aber sinnstiftend, sie können uns das schenken, was wir zum Leben brauchen: dass wir für jemand wichtig sind, nicht wegen einer Leistung, sondern einfach weil wir so sind, wie wir sind. Das zu erleben und erleben zu lassen ist eine große Chance für ein glückliches und gesundes Seelenleben. Beziehungen sind eine wichtige Quelle für ein gutes und zufriedenes Leben.
Leistung ist, besonders in beruflichen Zusammenhängen, aber auch im Zusammenhang mit selbst gestellten Aufgaben und Zielen erstrebenswert; gute Leistungen sind wertvoll, sie sollen gelobt und belohnt werden, sie können Anerkennung und Selbstwertgefühl steigern und zu Zufriedenheit führen. Aber Leistung darf nicht Selbstzweck werden und nicht aus dem Sinn-Zusammenhang herausgenommen werden, in den sie gehört. Leistung darf nicht sinnlos werden. Leistung darf nie der einzige oder

Hauptgrund menschlicher Anerkennung und Achtung sein; und Leistung darf nicht das einzige oder hauptsächliche Ziel menschlicher Anstrengung sein, insbesondere nicht auf Kosten zwischenmenschlicher Beziehungen. Leistung soll auch nicht andere Werte im Leben verdrängen; denn Leistung ist zwar wichtig, aber nicht alles im Leben. Zu einem glücklichen Leben gehören auch leistungsunabhängige Bereiche und Tätigkeiten.

Lebenssinn ist das Umgreifende, das Tragende, das Wesentliche im Leben. Lebenssinn sollte man nicht suchen; aber man kann ihn finden, indem wir etwas sinnvolles, besser, etwas Sinnstiftendes tun; indem wir uns bemühen, Sinn zu schaffen. Das kann im praktischen alltäglichen Leben genau so sein, wie in philosophischer Reflexion, in der Beschäftigung mit Kunst oder in spiritueller Besinnung. Sinn kann man erleben oder vermissen, wenn wir darauf achten, wenn wir nach dem Sinn fragen, und das sollten wir tun. Sinn zu erleben ist beglückend und bereichernd, ist motivierend und anregend; Sinn zu vermissen ist demotivierend, enttäuschend, erschöpfend und ermüdend. Sinnleere bei der Arbeit oder im Leben macht unglücklich und unzufrieden, macht lustlos und träge, macht depressiv und lebensmüde. Lebenssinn zu spüren, ist die Quelle für ein gesundes und schöpferisches, kreatives Leben. Dabei dürfen wir nicht vergessen: der Sinn ist immer größer als das, was wir jeweils verstehen, der Sinn ist das Umfassende, ist das Wesen und die Zukunft.

Tipps zur Burnout-Prävention

I. Innerlich Abstand gewinnen zu der belastenden Arbeitssituation – tief durchatmen: Es gibt noch andere, schönere und vielleicht wichtigere Dinge im Leben.

II. Neben dem Beruf weitere Identifikationsfelder für das eigene Selbstwertgefühl und den Sinn im Leben entwickeln und pflegen: in Beziehungen und außerberuflichen Interessen. Nehmen Sie sich Zeit für Ihre eigene Entwicklung.

III. Eigene Prioritäten und Wertigkeiten im Leben setzen – außerhalb von Arbeit, Beruf und Karriere; Gelegenheiten für Freude und Genuss schaffen.

IV. Zweckfreie, aber Sinn-gebende Beziehungen oder Betätigungen pflegen: zu Mitmenschen, Tieren, zur Natur oder zu Kultur: Musik, Literatur, Kunst, Theater, Religion, Philosophie, Spiritualität. Hier können persönliche Energiequellen liegen.

V. Die Erwartungen an sich selbst in Bezug auf Arbeitsleistung kritisch überprüfen, ob sie den eigenen Fähigkeiten angemessen sind. Die eigenen Grenzen beachten.

VI. Gezielt Pausen zur Entspannung in den Tages- und Wochenablauf integrieren; Arbeiten Sie in einem für Sie angemessenen Rhythmus.

VII. Rückhalt und Unterstützung im Team, bei Arbeitskollegen oder Vorgesetzten suchen.

VIII. Sich Zeit für die Familie, Partnerin/Partner, Freunde, Geselligkeit, Gespräche nehmen und die persönlichen, privaten Beziehungen pflegen; außer dem Wochenende einen festen Abend pro Woche für die Partnerin/Partner, Familie oder andere Geselligkeiten reservieren und gemeinsam etwas Schönes unternehmen. *Erholungsinseln* entdecken.

IX. Den eigenen Interessen nachgehen, neue Interessen entdecken, Freizeitaktivitäten und Hobbys pflegen.

X. Die eigenen Bedürfnisse ernst nehmen um Freude und Sinn im Leben zu entdecken.

XI. Auf regelmäßige Bewegung achten, insbesondere wenn die berufliche Tätigkeit vorwiegend im

Sitzen stattfindet; ausgleichende Bewegungsaktivitäten möglichst regelmäßig rhythmisch innerhalb der Woche pflegen (Sport treiben, Joggen, Walken, Tanzen, Radfahren, Spazieren gehen, Wandern oder Schwimmen; dabei sollen keine Leistungsvorgaben gelten, Bewegung soll keinen anderen Sinn erfüllen als Freude machen, gut tun und zur Entspannung beitragen. Das heißt: kein Leistungssport!

XII. Mit Genuss gesund essen und ausreichend schlafen.

6.3 Schritte zur Stress-Bewältigung und Burnout-Vermeidung

Wenn bereits eine Belastung-, Stress- oder Konfliktsituation eingetreten ist, so sind aus meiner Erfahrung folgende Schritte hilfreich:

1. Innehalten – tief durchatmen – Abstand zu der belastenden Situation gewinnen; Sei es allein in der Selbstreflexion oder in einem Gespräch mit einem vertrauten Menschen oder einem professionellen Berater oder Therapeut.

2. Sich die Frage stellen: Was hat jetzt Priorität – in der konkreten Situation und in Bezug zu den oben

genannten vier Fragen – zu den vier Lebensbereichen: **Anerkennung – Beziehungen – Leistung – Lebenssinn.**

3. Wie weit reichen meine Kräfte? – Schutz vor Überforderung! Achte ich auf Warnsignale meines Körpers oder meiner Seele? Welche Vorboten einer Erschöpfung, einer Burnout-Entwicklung sind schon eingetreten?

- Nicht mehr abschalten können
- Sich nicht mehr erholen und entspannen können
- Konzentrationsstörungen, Schlafstörungen, Appetitstörungen
- Nervosität und Reizbarkeit
- Kopfschmerzen, Rückenschmerzen
- Stimmungsschwankungen, Lustlosigkeit und Müdigkeit
- Rückzug und Interessenverlust
- Vernachlässigung der eigenen Bedürfnisse und Werte

4. Welche Unterstützung oder Hilfe brauche ich – wie kann ich sie bekommen – kann ich sie auch annehmen? – Schutz vor Perfektionismus! Schutz vor Einzelkämpfertum und Alles-selbst-Können-Müssen; Chance zu Delegieren!

5. Gibt mir meine Arbeit Sinn und Zufriedenheit? – wie kann ich wieder Anschluss an den Sinn in meiner Arbeit bekommen? Was kann ich selbst dafür tun, was können andere (Kollegen, Vorgesetzte) dafür tun?

6. Was tue ich für mich selbst, um Freude und Sinn im Leben zu spüren?

- Pflege ich meine Beziehungen (Partner, Familie, Freunde)?
- Pflege ich meine Hobbys oder Interessen in meiner Freizeit?
- Pflege ich Zweckfreies, Leistungsunabhängiges aber Sinnstiftendes für mich?
- Nehme ich meine eigenen Bedürfnisse noch wahr und ernst?
- Achte ich genügend auf Ausgleich zu meiner Arbeit?
- Berücksichtige ich den positiven Effekt von Pausen bei der Arbeit?
- Kann ich meinen eigenen Rhythmus finden?
- Berücksichtige ich auch meine eigenen Werte und meinen Sinn im Leben?

Wenn wir in einer Stress- oder Überforderungssituation sind, so ist es wichtig, nicht gegen den Stress, gegen die Überforderung, nicht gegen die Erschöpfung anzukämpfen, sondern vielmehr sich für Freude und Sinn im eigenen Leben zu engagieren. Je größer unsere Lebenszufriedenheit ist, desto besser können wir uns vor Belastungen, Stress, Überforderung und schließlich Erschöpfung und Burnout schützen. Desto mehr fühlen wir uns leistungsfähig und motiviert, desto glücklicher und gesünder können wir sein.

6.4 Therapeutische Möglichkeiten bei einem Burnout-Syndrom

Unter Stress und psychischer Belastung, in Konflikten und bei emotionaler Überforderung geschieht es schnell, dass wir uns *verlieren,* dass wir nur noch funktionieren, Aufgaben und Pflichten erfüllen so gut es geht, dabei aber die eigenen Grenzen missachten, die eigenen Bedürfnisse vernachlässigen, die eigenen Gefühle ignorieren und uns von uns selbst *abkoppeln.* Wir verlieren den Zusammenhang mit uns und unserem Lebenssinn. Das ist häufig die Ausgangssituation eines Erschöpfungssyndroms.
Um hier Vorsorge zu treffen, um die eigenen Gesundungskräfte zu stärken, sollen einige Gesichtspunkte zu Prävention und Therapie einer Burnout-Entwicklung und eines Burnout-Syndroms zusammengefasst werden:

Zunächst geht es darum:

- Neben der Identifikation und der Orientierung an den Aufgaben, der Leistung und dem Erfolg im Beruf ist es wichtig, weitere Identifikationsmöglichkeiten für das eigene Selbstwertgefühl, für Sinn und Befriedigung im Leben zu entwickeln: z.B. in Beziehungen, Freundschaften, Partnerschaft, Ehe und Familie aber auch in Interessen, Freizeitbetätigungen, Hobbys und ehrenamtlichen Engagements.

- Eigene Prioritäten und Wertigkeiten im Leben entwickeln und sich für sie einsetzen, vor allem auch außerhalb von Arbeit, Beruf und Karriere.

- Zweckfreie, leistungsunabhängige aber Sinngebende Beziehungen und Betätigungen pflegen.

- Einen angemessenen Rhythmus finden mit Pausen im Tageslauf, zum Beispiel mit Entspannungsübungen, mit Bewegung oder mit Ruhe- und Gelassenheitsübungen; mit *Erholungsinseln* im Lauf der Woche auf die man sich freuen kann: beispielsweise ein Abend pro Woche und ein Wochenendtag nur für sich selbst, die Familie, für das, was einem Freude macht, was gut tut und Sinn gibt.

In den vier großen Lebensbereichen, der Natur und Umwelt; der Kreatur und Mitwelt; der Kultur: den Künsten, Wissenschaften, Religion und Weltanschauung; und in den zwischenmenschlichen Beziehungen, kann jeder Mensch nach seinen individuellen Neigungen und Interessen, Chancen und Betätigungsfelder finden, um ohne Leistungsorientierung, ohne an Erfolg denken zu müssen, ohne bestimmte Zwecke erfüllen zu müssen, sich befriedigend und Sinn-erfüllend zu betätigen, oder etwas erleben oder genießen zu können. Zweckfreies Tun in diesen Bereichen schließt zweckorientiertes Handeln an anderer Stelle, z.B. im Beruf, nicht aus. Zweckfrei bedeutet niemals sinnlos. Zweckfreies Handeln ist sinnvoll und notwendig als Ergänzung und Ausgleich zu der sonst üblichen und weitverbreiteten Zweckgebundenheit und Leistungsorientierungen in unserem Leben. Zweckfreies aber sinnvolles Handeln ist dem Menschen möglich aus freier Entscheidung. Darin liegen die Möglichkeiten Befriedigung, Sinn- und Selbstwertgefühl außerhalb unserer an Effizienz und Leistung orientierten Arbeitswelt zu gewinnen.
Es gibt in der Burnout-Literatur[26] sehr viele Übungsvorschläge zu Prävention und Entspannung. Ich möchte aus meiner therapeutischen Erfahrung nur vier eigene Übungen und eine Meditation von Rudolf Steiner angeben, die sehr wirksam sind, wenn man sie regelmäßig übt.

Achtsamkeits-Übung

Setzen Sie sich bitte so bequem wie möglich hin und schließen Sie die Augen. Die Unterarme auf den Oberschenkeln und die Hände auf den Knien. Beginnen Sie Ihren Kopf langsam zu kreisen; Spüren Sie eventuelle Verspannungen im Nacken ... dann kreisen Sie langsam Ihre Schultern; Achten Sie darauf, was Sie spüren .... Spüren Sie mit Ihren Schulterblättern und mit Ihrem Rücken die Lehne Ihres Stuhls; jetzt spüren Sie bitte mit Ihrem Gesäß die Sitzfläche des Stuhls, wie Sie den Stuhl berühren und Ihr Gewicht an den Stuhl abgeben. Jetzt spannen Sie die Muskulatur Ihres Gesäßes und dann Ihrer Oberschenkel und dann Ihrer Unterschenkel und dann Ihres Fußgewölbes an; spüren Sie, wie Sie den Boden mit den Füßen berühren. Atmen Sie jetzt tief durch die Nase ein und dann ganz langsam durch den Mund aus; dabei entspannen Sie alle angespannten Muskeln, lassen Sie alles los, dabei dürfen Sie in sich zusammen sinken und einen Moment so entspannt bleiben, bis Sie mit der nächsten tiefen Einatmung, die von alleine kommen soll, sich wieder aufrichten, die Augen öffnen und wieder in Ihrer Umgebung ankommen.

Wohlfühlort-Übung

Stellen Sie sich bitte, mit geschlossenen Augen, einen Ort vor, an dem Sie sich vollkommen wohl fühlen können. Dieser Ort kann ein konkreter Ort auf der Erde sein, ein Ort, den Sie kennen, ein Ferienhaus, ein Turm oder ein Zelt, ein Platz unter einem blühenden Baum oder ein Strandkorb am Meer, oder eben auch ein Ort, den es nur in Ihrer Fantasie, in Ihrer Vorstellung gibt, die Sie sich jetzt machen. Dieser Ort darf überall auf der Welt sein und nur Sie kommen dorthin. Sie dürfen aber auch jemand mitnehmen, der für Sie und Ihr Wohlgefühl gut ist. Jetzt schauen Sie sich Ihren Wohlfühlort genau an; was sehen Sie, was hören Sie, wie ist er eingerichtet, wie warm ist es, wonach riecht es, haben Sie genügend Platz, wie ist die Umgebung .... Wenn Ihnen etwas nicht gefällt, so verändern Sie es, bis es genau Ihrem Wunsch und Geschmack entspricht. Sie können alles so gestalten, wie Sie es sich wünschen und es zu Ihnen passt. Sie dürfen mit jedem beliebigen Mittel an diesen Ort kommen, in Ihrer Fantasie, der jetzt keine Grenzen gesetzt sind. Spüren Sie, wie Sie sich vollkommen angenehm, wohl und geborgen fühlen. Es kann im Moment nichts schöneres für Sie geben, als sich an diesem Wohlfühlort aufzuhalten. Genießen Sie es in vollen Zügen, atmen Sie tief ein und aus und spüren Sie die wunderbare Behaglichkeit. Und merken Sie sich bitte gut, wie Sie wieder an diesen Ort kommen können!! Am besten Sie wählen sich ein Zauberwort, eine Zauberformel, vielleicht einen kleinen Gegenstand, einen Handschmeichler, mit denen Sie sich an Ihren Wohlfühlort jederzeit hinzaubern können. Wenn Sie also wissen, wo und wie Sie diesen Ort wieder finden, dann dürfen Sie jetzt wieder die Augen öffnen und zurück kommen in das Hier und Jetzt.

Gelassenheits-Übung

Mit gesenktem Blick oder geschlossenen Augen die Aufmerksamkeit auf die Atmung lenken: tief, ruhig und langsam ein- und ausatmen und dabei innerlich zu sich sagen:

> Ich spüre Ruhe und Kraft in mir;
> Ich trage in mir selbst die Kräfte
> die mich stärken;
> Ich spüre meine Ruhe als die Kraft in mir,
> die mir hilft.

Diese kleine Atem-Gelassenheitsübung ca. 1 bis 2 Minuten lang im Stillen mit ganzer Aufmerksamkeit machen, bevor man sich wieder der Umwelt mit ihren Anforderungen zuwendet.

Diese Übung ist eine Abwandlung einer Ruhe-Meditation von Rudolf Steiner:

Ich trage Ruhe in mir,
Ich trage in mir selbst
Die Kräfte, die mich stärken.
Ich will mich erfüllen
Mit dieser Kräfte Wärme,
Ich will mich durchdringen
Mit meines Willens Macht.
Und fühlen will ich
Wie Ruhe sich ergießt
Durch all mein Sein.
Wenn ich mich stärke
Die Ruhe als Kraft
In mir zu finden
Durch meines Strebens Macht.

Eine andere Gelassenheitsübung, die sich besonders gut für den Tagesbeginn eignet, orientiert sich an einem Gedicht von Rose Ausländer:

Gelassen atmet der Tag
Ich lasse meine Anspannung los
Gelassenheit kehrt in mich ein
Ich spüre meine Kraft für den Tag.

Bei dieser Übung soll vor jeder Zeile ruhig eingeatmet werden und mit der Ausatmung die Zeile langsam und mit Besinnung gesprochen werden.

Es ist neben den Arbeits- und Lebensbedingungen vor allem eine Frage der inneren Haltung und Einstellung dem Leben gegenüber, wie wir mit uns selbst umgehen und andere mit uns umgehen lassen; was uns wichtig ist, und was wir dafür tun.
Wenn sich der Sinn des Lebens darin erschöpft, Zweckerfüllung, Anerkennung und materiellen Gewinn zu generieren, so wird früher oder später eine schmerzhafte Sinnkrise und eine Sinnleere eintreten und eine emotionale, mentale und motivationale Erschöpfung als Lebensgefühl dominieren. Dann treten Fragen und Zweifel auf, die Sinnlosigkeit wird spürbar, psychosomatische Erkrankungen machen sich bemerkbar und münden in einen Burnout-Zustand.
Dies geschieht vor allem, wenn die menschlichen Grundbedürfnisse nach sozialer Zugehörigkeit (emotionale Anerkennung und Beziehungen) und nach Selbstbestimmtheit (Beruf und Lebenssinn) unerfüllt sind, oder einseitig zu ungunsten von Beziehungen und Lebenssinn verwirklicht werden, dann suchen wir nach Ersatzbefriedigung. Diese bietet unsere Gesellschaft in Leistungserwartung, finanziellem Erfolg, sozialem Status und beruflicher Karriere an. Das funktioniert aber jeweils nur so lange, bis diese Bereiche ihren Charme verlieren oder zu Ende kommen; oder wenn vorher schon Zweifel aufkommen, wofür man das alles macht, wohin das

noch führen soll und wie lange das noch gut gehen kann. Ist es so weit gekommen, hilft die ehrliche Reflexion der oben genannten Fragen, Gespräche mit vertrauten Menschen, die Beratung durch einen Coach oder das Gespräch mit einem Psychotherapeuten. Eine solche Reflexion und Besinnung soll zu einer Veränderung führen; nicht immer der äußeren Umstände, wohl aber der inneren Haltung und Erwartungen an sich selbst und sein Leben. Das Ziel ist, das persönliche Gleichgewicht, die individuelle Balance zu finden, zwischen Leistung und Erholung, zwischen Beruf und Privatleben mit persönlichen Beziehungen, zwischen Anerkennung von anderen und einem gesunden Selbstwertgefühl aufgrund eigener Werte und Ziele, zwischen Zweckerfüllung und Sinnerleben.
Sinn, Glück, seelische Zufriedenheit und Erfüllung sind nicht für Geld zu kaufen, sind nicht durch Zweckbefriedigung zu erreichen, sie sind aber durch Eigeninitiative zu gewinnen, wenn wir wieder Staunen lernen über die kleinen und großen Wunder der Natur und des Lebens, wenn wir wieder Verehrung üben den schönen, den geschenkten, den verstehbaren und den unerklärlichen *Dingen* der Welt gegenüber, und wenn wir unsere Beziehungen zu Mensch und Natur, zu Kunst und Kreatur, zu Wissen und Glauben in Liebe pflegen. Hier liegen die echten Chancen eine Burnout-Entwicklung vermeiden zu können.[27]

In den meisten Fällen einer Burnout-Entwicklung mit Auftreten körperlicher oder seelischer Beschwerden, bis hin zu einer Burnout-bedingten Depression ist eine stationäre psychosomatische Behandlung angezeigt. Im Rahmen einer solchen Therapie werden je nach Bedarf und Notwendigkeit Medikamente gegeben, insbesondere Arzneimittel der Anthroposophischen Medizin, der Homöopathie und Naturheilkunde; bei einer schweren Depression sehr wohltuend und hilfreich sind immer die pflegetherapeutischen Anwendungen wie Einreibungen, Wickel, Massagen und Bäder. Ein Schwerpunkt innerhalb einer anthroposophischen Behandlung sind die Kunsttherapien und die Heileurythmie als anthroposophische Therapieverfahren, die besonders das Element einer zweckfreien, sinngebenden, kreativen Betätigung ermöglichen und zu neuen Erfahrungen anregen. Die Psychotherapie ermöglicht eine Reflexion der Lebensumstände, die zu der Erschöpfung, den psychosomatischen Beschwerden oder der Burnout-Depression geführt haben unter Mitbeachtung der Persönlichkeitsfaktoren und Wesenseigenschaften, die zu den inneren Voraussetzungen einer Burnout-Erkrankung gehören. Aus der Synopse von Biografie, Persönlichkeit, Arbeits- und Lebenssituationen, aus der Reflexion der inneren Haltung und Erwartungen dem Leben gegenüber und der konkreten Verhaltensweisen in Anbetracht der Arbeits- und Lebens-Umstände können in der Psychotherapie neue Gesichtspunkte, neue Orientierungen, andere als die bisher gewohnten Erwartungen und Verhaltensmuster gewonnen werden. So kommen in einer stationären psychosomatischen Behandlung Erholung und Wohlbefinden, Reflexion und Besinnung, emotionales und kreatives Erleben und Bewusstseinsarbeit zusammen und bieten die Möglichkeit, aus einer Burnout-Entwicklung eine Chance werden zu lassen, die einen neuen Weg eröffnet.

Manchmal hilft es, sein Leben zu ändern und ihm einen neuen Sinn zu geben, sagte ein Burnout-Betroffener.

6.5 Zusammenfassung zur Differentialdiagnose und Differentialtherapie der Erschöpfungskrankheiten

I. Chronisches Müdigkeitssyndrom, CFS/Neurasthenie

Chronische Erschöpfung, anhaltende Müdigkeit, nachlassende Leistungsfähigkeit, ohne vorhergehende besondere psychische oder physische Belastung; die Erschöpfung bessert sich nicht durch Schlaf oder Erholung.

Zur Anregung der Lebenskräfte:
Rhythmus im Tagesablauf, dabei kurze Pausen integrieren - und im Wochenablauf *Erholungsinseln* einrichten; viel Bewegung an der frischen Luft; alternativ oder als Ergänzung: Schwimmen. Möglichst regelmäßigen Schlaf-Wach-Rhythmus; vor Mitternacht Schlafen; möglichst früh aufstehen, nicht ausschlafen, da es nicht hilft und sich eher negativ auswirkt.

Empfehlungen zur Medikamentösen Therapie nach ärztlicher Verordnung:
Aqua maris D3, Prunus spinosa D5, Levico D3, Neurodoron Tbl., Phosphor D5 oder D6 Dil. morgens 5 Trpf.; Phosphor D24/Malve zur Nacht 20 Trpf.; eventuell Mistel-Injektionen nach ärztlicher Verordnung, Aurum/Lavandula comp. Salbe.

Ergänzend:
Anthroposophische Kunsttherapien, Heileurythmie; Psychotherapie.

Bei nicht ausreichender Besserung der Erschöpfungssymptomatik und zusätzlich depressive Beschwerden, ist stationär psychosomatisch-psychotherapeutische Behandlung notwendig.

II. Erschöpfungsdepression
Eine in typischen Phasen über Jahre verlaufende Erschöpfungskrankheit mit psychosomatischen Beschwerden und dem Endzustand eines depressiven Krankheitsbildes, das sich offensichtlich im Zusammenhang mit einer besonderen, lang anhaltenden meist psychisch-emotionalen Belastungssituation entwickelt hat.

Allgemeine therapeutische Gesichtspunkte:
regelmäßig Bewegung an der frischen Luft, am besten häufige Spaziergänge. Sich über die Belastungen aussprechen und regelmäßig etwas für sich zur Erholung tun, sei es alleine oder in Gesellschaft; sei es, sich einen gemütlichen Nachmittag oder Abend machen, sei es Ausgehen und sich ablenken; es soll in jedem Fall gut tun und Freude machen und regelmäßig wiederholt werden. Die Aufopferungsbereitschaft soll klar begrenzt werden; die Selbstfürsorge darf nicht zu kurz kommen!

Empfehlungen zur medikamentösen Therapie nach ärztlicher Verordnung:
In Phase 1 und 2: Neurodoron, Aurum D10 oder 15, Stibium D6 oder 10, Aurum/Lavandula comp. Salbe, Aurum/Stibium/Hyoscyamus bzw. Aurum Hyoscyamus comp.;

In Phase 3: Hepatodoron, Hepar-Magnesium D4, Aurum met. Präp. D20, zur Stimmungsaufhellung: Johanniskraut (Hypericum) z.B. als Jarsin; gegen Ängste, Gedankenkreisen, innere Unruhe: Lasea Kps., 1 zur Nacht; Taraxacum Stanno cultum D2, D3.

Ergänzend:
Anthroposophische Kunsttherapien, Heileurythmie, Psychotherapie. Bei anhaltenden psychosomatischen oder depressiven Symptomen in jedem Fall fachärztliche Behandlung; eventuell ist eine stationäre psychosomatisch-psychotherapeutische Behandlung angezeigt. Bei schwerer Depression und vor allem bei Suizidalität ist ein Antidepressivum notwendig und stationäre Therapie.

III. Burnout-Syndrom
Körperliche, emotionale und geistige Erschöpfung nach langer Überforderung, beginnend mit Überengagement und nachfolgender Enttäuschung bei labilem Selbstwertgefühl, starker Leistungsorientierung und Perfektionismus.
Berücksichtigung der dargestellten präventiven und salutogenetischen Möglichkeiten je nach individueller Situation. Insbesondere ist auf Pausen im Tagesablauf, auf *Erholungsinseln* im Wochenablauf zu achten; auf die Entwicklung und Pflege von Hobbys/Interessen in der Freizeit und auf die Entdeckung und

Pflege von inneren Werten als eine Quelle des Selbstwertgefühls und des Lebenssinns außerhalb des Berufs. Je früher eine angemessene Prävention oder Therapie beginnt, um so besser ist die Prognose.

Empfehlungen zur medikamentösen Therapie eines Burnout-Syndroms nach ärztlicher Verordnung:
Aurum/Hyoscyamus comp. als Dil. oder Amp. zur s.c. Injektion, bzw. Aurum/Stibium/Hyoscyamus als Globuli oder als s.c. Injektion. Ferrum sidereum D6, Hypericum; Lasea; Aurum/Lavandula comp. Salbe, Neurodoron Tbl.; bei schwer depressiver Symptomatik, insbesondere bei Suicidalität, ist ein Antidepressivum erforderlich; ergänzend Anthroposophische Kunsttherapien, Heileurythmie, Psychotherapie. Bei einer schweren Burnout-Depression ist eine stationäre psychosomatisch-psychotherapeutische Behandlung unbedingt indiziert.

Kapitel_7

Welche Chancen kann Burnout bieten?

7.1 Die Chancen

Die Frage nach den Chancen, die Burnout bieten kann, ist auf zwei Ebenen zu stellen: einmal auf der Ebene des individuellen Betroffen-Seins, zum anderen auf der Ebene der gesellschaftlichen Bedeutung von Burnout.

Burnout kann als Enttäuschung, als Versagen, als Kränkung oder als Schuld erlebt werden. Burnout kann als psychosomatische Erkrankung auftreten, als psycho-physische Erschöpfung oder im Bild einer schweren Depression.

Burnout kann in vielen Gesichtern, in verschiedenen Krankheitsbildern auftreten; aber in einem strengen Verständnis, das nicht jede Erschöpfung gleich Burnout nennt, ist Burnout ein langsamer Entwicklungsprozess, der gut anfängt, verschiedene Phasen durchläuft und mit einer existentiellen Krise oder einer schweren Erkrankung enden kann. Diese Entwicklung hat neben den gesellschaftlichen Verhältnissen und den Bedingungen am Arbeitsplatz wesentlich auch persönliche Faktoren als Voraussetzungen. Diese gilt es im Rahmen einer Therapie zu erkennen und zu bearbeiten, so dass sie bei Bedarf geändert werden können.

Burnout kann verschiedene Chancen bieten, wenn wir als Betroffene achtsam und bewusst mit der Situation umgehen, wenn wir unser Betroffen-Sein nicht zu schnell *wegmachen,* verdrängen oder überspielen.
Wenn Burnout Chancen bieten kann bedeutet das, dass wir die Möglichkeiten dazu bewusst selbst ergreifen müssen, und nicht darauf warten können, bis sich die Chancen von alleine zeigen. In diesem Sinn bietet Burnout die Chancen:

1. über Werte, Sinn und Ziele im eigenen Leben zu reflektieren
2. über das eigene Selbstwertgefühl und seine Quellen nachzudenken
3. über die eigenen Bedürfnisse
4. über die eigenen Fähigkeiten, und

5. über die eigenen Grenzen sich zu besinnen
6. die eigenen Einstellungen und die Erwartungen dem Leben gegenüber zu reflektieren
7. sich zu besinnen, ob man seinem Leben eine neue Richtung geben will, um den Sinn und die Freude am Leben wieder besser erleben zu können.

Natürlich kann jeder Mensch prinzipiell auch ohne Burnout oder eine andere Krise über solche Fragen nachdenken. Aber wir kommen so selten dazu in unserem Alltag.

7.2 Die Voraussetzungen

Um eine Krise oder eine Erkrankung als Chance verstehen zu können, ist es entscheidend, sie als Herausforderung annehmen zu können. Eine Herausforderung, die unsere Kräfte mobilisiert, die uns anspornt und zu der wir ein Gefühl entwickeln können, *dass wir es schaffen,* dass es nicht sinnlos ist sondern lohnend, wenn wir uns anstrengen und dass wir dabei Hilfe und Unterstützung annehmen dürfen. Denn wir müssen nicht alles alleine bewältigen, was uns im Leben begegnet.
Wenn Burnout als Erkrankung auftritt, bietet sie die

Chance für Rückzug, bietet Zeit und Raum für Ruhe, Abstand, Erholung und Besinnung. Wenn man sich die Chance zur Besinnung nimmt, oder im Rahmen einer stationären Therapie bekommt, so kann man sich die wichtigen Fragen stellen, oder gestellt bekommen, die einem weiterhelfen können. Es sind die schon in Kap.6 bei der Therapie genannten Fragen nach den persönlichen Werten und Zielen:

1. Wie wichtig sind mir mein beruflicher Erfolg, Leistung, Pflichterfüllung?
2. Wie wichtig ist mir die Anerkennung von anderen?
3. Wie wichtig sind mir meine privaten Beziehungen?
4. Wie wichtig sind mir meine persönlichen Bedürfnisse, Werte, Fähigkeiten, Überzeugungen und Ziele?

Diese Fragen zu reflektieren, haben wir in unserem zweckbestimmten Alltag meist sehr wenig Gelegenheit. Die meisten Menschen bemühen sich unter dem Druck der verschiedenen Erwartungen, so gut es geht, *zu funktionieren.* Das ist aber sicher nicht der ganze Sinn des Lebens, nur erwartungsgemäß zu funktionieren und sich an den von außen bestimmten Zwecken zu orientieren.

Wenn wir uns im Rahmen eines Burnout-Betroffen-Seins mit den Fragen nach der persönlichen Lebensorientierung beschäftigen, wenn wir uns die Frage nach den Zwecken oder dem Sinn unseres Lebens stellen und uns selbst ehrliche Antworten darauf geben und dann Konsequenzen in unserem Handeln ziehen, so haben wir durch Burnout eine große Chance für unser Leben gewonnen.
Eine sowohl individuelle wie gesellschaftliche Bedeutung von Burnout liegt in der Beachtung der Bedeutung folgender vier Bereiche (vgl. Kap.6):
I. der Anerkennung - II. der (persönlichen) Beziehungen - III. der (beruflichen) Leistungen - IV. der eigenen Werte, des individuellen Lebenssinns
für das eigene Leben, wie auch für die Gesellschaft, in der wir leben und uns zurecht finden wollen. Welchen Stellenwert haben diese Bereiche für die eigene Lebensorientierung und für die Gesundheit; gibt es einseitige Bevorzugungen unter den Bereichen oder herrscht eine Ausgeglichenheit vor, indem alle vier Bereiche gleichermaßen berücksichtigt sind? Wenn es Einseitigkeiten gibt, zu wessen Ungunsten fallen sie aus? Kann ein Ausgleich, ein wieder hergestelltes Gleichgewicht eine Verbesserung und Steigerung meines Lebensgefühls und meiner Gesundheit bedeuten? Gewinne ich dadurch vielleicht eine wesentliche Erweiterung meines Sinn-Horizonts? Wir leben alle unter dem gleichen Himmel, aber

jeder hat seinen eigenen Horizont, und jeder ist selbst für seinen Horizont verantwortlich.

7.3 Die Bedeutung und der Sinn von Burnout

Burnout kann als eine Krise der einseitigen Zweckorientierung im Leben verstanden werden. Die Chance besteht darin, das Burnout-Signal zu verstehen und einen Ausgleich, ein Gegengewicht zu Zweckorientierung und Leistungserfüllung zu suchen und zu pflegen. Zweckfrei bedeutet nicht sinnlos, sondern im Gegenteil, etwas sinnvolles, etwas sinnstiftendes zu tun, das keinen bestimmten Zweck erfüllen muss.

› Dies ist bei jeder persönlichen zwischenmenschlichen Beziehung der Fall. Denn mit unseren Beziehungen sollen keine Zwecke erreicht werden, (das wäre eine Entwürdigung, eine Instrumentalisierung des Menschen) vielmehr dient die Pflege einer persönlichen Beziehung der Anerkennung eines Menschen, drückt Wertschätzung aus, vermittelt Sympathie, Zuneigung, Freundschaft, Liebe. Daraus können Selbstwertgefühl und Glück, Zufriedenheit und Sinn, Anregung und Lebensfreude erlebt werden. Darüber hinaus können zweckfreie und leistungsunabhängige Tätigkeiten oder Beziehungen gepflegt

werden in den Bereichen der Natur, der Kreatur und der Kultur.
Das bedeutet konkret beispielsweise:

- Spazierengehen, weil die frische Luft gut tut, weil die Bewegung gut tut, weil die Landschaft schön ist, weil die Naturbeobachtung wohltuende Ruhe vermittelt, einfach, weil es gut tut und schön ist, ohne besonderen Zweck und dennoch nicht sinnlos.

- Die Pflege von Haustieren aus Freude am Tier, ohne bestimmten Zweck; die Tierbeobachtung aus Interesse und Freude; das Engagement für Tiere aus Achtung vor dem Tier.

- Die Beschäftigung mit Kunst, Musik, Literatur, Philosophie, Geschichte, Religion, Weltanschauung, Spiritualität.

Solche Beschäftigungen vermitteln Sinn, ohne dabei einen Zweck erfüllen zu müssen. Dazu gehören natürlich auch die Fähigkeiten selbst künstlerisch tätig sein zu können, sei es im Malen, in der Musik, im Theaterspiel oder im Chorsingen. Dabei werden auch persönliche Beziehungen gepflegt. Dies gilt auch für andere Tätigkeiten, wie beispielsweise gemeinsames Wandern, Tanzen, Musizieren, Sport oder Theaterspielen; wobei es schon darauf ankommt, dass sich kein Leistungsgedanke einschleicht. Leistungssport ist in diesem Sinn kontraproduktiv, ebenso der Freizeitstress, so viel wie möglich unternehmen zu müssen, immer *auf Achse* sein zu müssen, oder den Kindern alles bieten zu müssen und sie überall hinfahren zu müssen.

Gelingt es aus einer Burnout-Betroffenheit heraus, sich in diesem Sinn neu im Leben zu orientieren, so ist das eine gute Chance, die sich im Leben nach Burnout positiv auswirken wird, mit mehr Lebensfreude, Lebenssinn, Zufriedenheit und Gelassenheit. Das Erleben und Zulassen anderer Werte als der von Arbeitswelt und der Gesellschaft vorgegebenen, das Entdecken und Pflegen eigener Werte, innerer Werte, die immateriell, zweckfrei und leistungsunabhängig sind, ist eine große Chance, die aus Burnout gewonnen werden kann. Aber dies soll nicht alle Werte und Erwartungen unserer Gesellschaft ersetzen, sondern diese ergänzen. Denn es hat natürlich Sinn und Wert, gute Leistungen zu erbringen, gute Zwecke zu erfüllen und angemessenen Pflichten gerecht zu werden. Dies ist eine berechtigte Quelle eines gesunden Selbstwertgefühls; es darf nur nicht zur alleinigen Quelle werden. Die Ressourcen der zweckfreien, der persönlichen, selbstbestimmten und sinnstiftenden Lebensinhalte, der privaten Beziehungen und der außerberuflichen Tätigkeiten dürfen im Sinne eines

gesunden, erfolgreichen und befriedigenden Lebens nicht vernachlässigt werden.
Darin liegt auch eine gesellschaftliche Bedeutung und Chance des Burnout-Phänomens, dass sich unsere vorzugsweise am Messbaren, am Materiellen, an Wachstum und Gewinn orientierte Gesellschaft auch den unwägbaren, den nicht messbaren, den immateriellen Qualitäten und Werten zuwendet. Geschwindigkeit und Leistung, Wohlstand und Vermögen, Aufträge und Arbeitstage, Kontrolle und Statistik, Zeit und Geld, Wachstum und Gewinn sind messbare Größen, die unsere Gesellschaft in fast allen Bereichen prägen. Ihnen sind als Ergänzung Qualitäten wie Ruhe und Gelassenheit, Anstand und Würde, Vertrauen und Wertschätzung, Nachhaltigkeit und Schutz der Ressourcen unserer Erde, Spiritualität und Kultur, Geist und Seele zur Seite zu stellen, zu achten und zu pflegen. Dann wird unsere Gesellschaft, unsere Welt wieder menschlich, wertvoll und Sinn-Erfüllend.
Ursprünglich hatte sich der Mensch als Homo sapiens erlebt, und sich selbst diese Definition gegeben, als Vernunft-Begabter, mit Weisheit ausgestatteter Mensch. Im 20. Jahrhundert hatte sich mit den Erfolgen der Industrialisierung und Technisierung und dem Fortschritt des Materialismus eine neue Definition des Menschen eingestellt, vom Menschen als Homo faber, dem Menschen als *Verfertiger,* als Hersteller,

Produzierender und Macher.[28] Ebenfalls im vorigen Jahrhundert begann eine weitere Definition des modernen Menschen populär zu werden, der Homo oeconomicus, der im Sinne von Eduard Sprangers Beschreibung[29] als eine Lebensform des Homo sapiens folgende Eigenschaften auslebt:
Der ökonomische Mensch im allgemeinsten Sinne ist also derjenige, der in allen Lebensbeziehungen den Nützlichkeitswert voranstellt. Alles wird für ihn zu Mitteln der Lebenserhaltung, des naturhaften Kampfes ums Dasein und der angenehmen Lebensgestaltung. Ganz in diesem Sinne eines ausschließlich auf den eigenen Vorteil und Gewinn orientierten Typus des heutigen Menschen erscheint der Homo oeconomicus als eigentlich Verantwortlicher für die globale Krise unserer Welt. Die individuelle Burnout-Entwicklung als Phänomen unserer Zeit und Gesellschaft kann als eine Folge dieser Entwicklung zum Homo oeconomicus verstanden werden, der sich nahezu ausschließlich an egoistischen und wirtschaftlichen Zwecken orientiert.[30] Als Ausgleich und Gegengewicht kann die Besinnung auf den Menschen als Homo ludens,[31] dem zu Spiel und Kreativität begabten Menschen hilfreich sein. Nach Schiller ist das Spiel eine menschliche Leistung, die in besonderem Maße in der Lage ist, die Ganzheitlichkeit und Universalität der menschlichen Fähigkeiten hervorzubringen. Im Spiel entwickelt der Mensch Fantasie

und Kreativität, Freiheit und Freude am Tun und er gewinnt größere Handlungsfreiheit im Finden unerwarteter und neuer Lösungen. Schließlich sei der Mensch *nur da ganz Mensch, wo er spielt.* In diesem Sinn ist Spiel als zweckfreie und Sinn-stiftende Betätigung ein guter Ausgleich zu den vielfältigen Belastungen unseres Arbeitslebens und unserer alltägliche Zweckgebundenheit.

Neben der Fähigkeit zum Homo ludens, zum spielerischen Menschen ist noch eine weitere Ergänzung zu den modernen Phänomenen des Homo faber und des Homo oeconomicus notwendig, um die in die Burnout-Entwicklung führenden Einseitigkeiten auszugleichen: die Fähigkeit des Menschen zum Homo spiritualis,[32] zum spirituellen Menschen, des sich an Sinn, an Spiritualität, am Geistigen orientierenden Menschen.

Gelingt es, aus den in die Burnout- Entwicklung führenden gesellschaftlichen Phänomenen der Zweckgebundenheit und der allzu starken Leistungsorientierung, der Betonung materieller Werte und der Vernachlässigung ethischer, Sinn-Gebender und spiritueller Werte, durch die Burnout-Erkrankung individuell und gesellschaftlich zu einer Neubesinnung und Umorientierung zu kommen, so kann Burnout als große Chance für eine neue, dem Spirituellen gegenüber offene Entwicklung verstanden und wirksam werden.

Der Münchener Kernphysiker und Träger des *Alternativen Nobelpreises 1987,* Hans Peter Dürr, Nachfolger von Werner Heisenberg in München und Gründer des Global Challenges Network, München 1987, hat es in den folgenden Worten ausgedrückt:
In einer Welt, in der wir gelernt haben, immer schärfer zu fokussieren und deshalb immer mehr Einzelheiten wahrzunehmen, haben wir immer größere Schwierigkeiten, den Gesamtzusammenhang zu verstehen. Wir laufen deshalb heute große Gefahr, den Überblick und deshalb unsere Orientierung zu verlieren. Es ist dringend notwendig, dass wir wieder Unschärfe praktizieren, um besser Gestalten zu erkennen und Zusammenhänge zu sehen. Wir brauchen heute dringend Kunst und Poesie, um das Gemeinsame unseres Seins aufleuchten zu lassen, um der wechselnden Bedingtheit der verschieden erscheinenden Teile unserer Wirklichkeit und ihrer wechselseitigen Relevanz gewahr zu werden, und schließlich und nicht zuletzt, um den tieferen Sinn in unserem eigenen Leben zu entdecken.[33]

Anmerkungen

[1] *Focus,* 12.09.2011; *Der Spiegel,* 24.01.2011; *Die Zeit,* 30.11.2011

[2] *Kury Patrick:* Der überforderte Mensch, eine Wissensgeschichte vom Stress zum Burnout; Campus Frankfurt New York 2012

[3] *Selye Hans:* Stress beherrscht unser Leben; Düsseldorf 1957 S.356

[4] *Selye Hans:* Stress mein Leben; München 1979 S.125

[5] *Selye Hans:* Stress mein Leben; S.126

[6] *Selye Hans:* Stress ohne Distress; Vortrag

[7] Aktuelle Bevölkerungsbefragung: Ausmaß, Ursachen und Auswirkungen von Stress in Deutschland; *Techniker Krankenkasse,* F.A.Z.-Institut; Frankfurt/Main 2009

[8] *Sennett R.:* Der flexible Mensch; btb Verlag Berlin 2000

[9] *Spiegel online* vom 30.12.2012

[10] *Treichler M.:* Wunden, die die Seele schlägt; Amthor Heidenheim 2006

[11] *Giddens A.:* Konsequenzen der Moderne, Suhrkamp-Verlag; Frankfurt 1997

[12] *Geisler L.:* Ein neuer Mensch; in: Universitas I, 56, Januar 2001, S.43 ff

[13] *Emrich H.M.:* Neurowissenschaften und Sinnfrage; in: Emrich: Psychiatrische Anthropologie; München 1990, S.15ff

[14] *Antonovsky A.:* Salutogenese, zur Entmystifizierung der Gesundheit; dgvt-Verlag Tübingen 1997, S.36

[15] *Treichler M.:* Sprechstunde Psychotherapie; Urachhaus Verlag Stuttgart, 3. Auflage 2007

[16] *Treichler M.:* vgl. Anm. 15

[17] *Schaefer H.:* Stress als gesellschaftliches Problem; in: v. Eiff A.W. (Hg): Seelische und körperliche Störungen durch Stress; G. Fischer Verlag Stuttgart 1976 S.5ff

[18] *Lieb K. et al:* Das chronische Müdigkeitssyndrom, chronic fatigue syndrome, CFS; Nervenarzt 1996, 9, 711
AWMF Leitlinie Somatoforme Störungen: Neurasthenie/ Chronic Fatigue Syndrome
Treichler M.: Neue Zeiten – Neue Leiden; Mayer Verlag Stuttgart 1998

[19] *Jonas H.:* Technik, Medizin und Ethik; Suhrkamp Frankfurt 1987
Jonas H.: Ist erlaubt was machbar ist? In: Universitas42/2 1987, S.103ff

[20] *Ehrenberg A.:* Das erschöpfte Selbst; campus Verlag Frankfurt/M. 2004
Faust V. et al: Diagnose der Depressionen; Stein 1984
Treichler M.: Stress, Depression und Burnout; Praxisforum Weleda Heft 03/2010 S.13ff

[21] *Burisch M.:* Das Burnout-Syndrom; Springer Verlag Heidelberg 1989, 2006, 2010
Freudenberger H.: Ausgebrannt – Die Krise der Erfolgreichen; Kindler Verlag 1982
Freudenberger H./ North G.: Burnout bei Frauen; Fischer Taschenbuch Verlag 2012
Bergner T.: Burnout bei Ärzten; Dtsch. Ärzteblatt 2004 101 A2232-2234

[22] *Beschoner P. et al:* Burnout – Eine Psychiatrisch-Psychotherapeutische Perspektive; Psychiatrie im Dialog 2009: 3; S.215ff
Schopper C.: Burnout – eine moderne Signatur in: Dahlem et al (Hg) Burnout – mit der Krise wachsen; salumed Verlag Berlin 2011 S.13ff
Treichler M.: Der überforderte Mensch, chronisch müde, erschöpft, ausgebrannt; Amthor Verlag Heidenheim 2008

[23] *Maslach C./ Leiter M.P.:* Die Wahrheit über Burnout; Springer Verlag Berlin 2001

[24] *Burisch M.:* siehe Anm. 21

[25] *Maslach C./Leiter M.P.:* Burnout erfolgreich vermeiden; Springer Wien 2007

[26] Pilz-Kusch U.: Burnout - Frühsignale erkennen - Kraft gewinnen; Beltz Verlag Weinheim 2012
Rümke A.: Burnout Sprechstunde; Urachhaus Verlag Stuttgart 2012

[27] *Burisch M.:* siehe Anm. 21, S. 236ff
Treichler M.: Sprechstunde Psychotherapie; Urachhaus Stuttgart 2007, S.135ff
Treichler M.: Psychotherapeutisch-psychosomatische Behandlung des Burnout- Syndroms; in: Dahlem et al: Burnout - mit der Krise wachsen; salumed Verlag Berlin 2011, S.109ff

[28] Vergleiche hierzu den Roman von *Max Frisch:* Homo faber; Suhrkamp Verlag Frankfurt

[39] *Spranger E.:* Psychologie der Typenlehre; 1914

[30] *Schirrmacher F.:* Ego: das Spiel des Lebens; Blessing Verlag München 2013
Reuter E.: Egorepublik Deutschland; Campus Verlag Berlin 2013

[31] *Schiller F.:* Über die ästhetische Erziehung des Menschen; Reclam Stuttgart 2008, Zitat: 15. Brief
Huizinga J.: Homo ludens; 1939
Marcuse H.: Der eindimensionale Mensch; Suhrkamp Frankfurt 1967
Rauff H. (Hg): Spielen zwischen Rausch und Regeln; Hatje Cantz Ostfildern 2005

[32] *Friedman H. H./Friedman L. W.:* Can Homo Spiritualis Replace Homo Economicus in the Business Curriculum? e-Journal of Business Education and Scholarship of Teaching, Vol. 2, 2008, pp:1-11 www.ejbest.org

[33] *Dürr H.P.:* Die Zukunft ist ein unbetretener Pfad; Herder Verlag Freiburg

Neurodoron® Tabletten, **Warnhinweis:** Enthält Lactose und Weizenstärke – Packungsbeila
beachten. **Anwendungsgebiete** gemäß der anthroposophischen Menschen- und Naturerkenntn
Dazu gehören: Harmonisierung und Stabilisierung des Wesensgliedergefüges bei nervös
Erschöpfung und Stoffwechselschwäche, z.B. Nervosität, Angst- und Unruhezustände, depressi
Verstimmung, Rekonvaleszenz, Kopfschmerzen. Zu Risiken und Nebenwirkungen lesen Sie
Packungsbeilage und fragen Sie Ihren Arzt oder Apotheker. **Weleda AG, Schwäbisch Gmü**